Doppik für Mandatsträger und Führungskräfte

Von Karlheinz Happe

Doppik für Mandatsträger und Führungskräfte

Band 1: Baden-Württemberg

Von Karlheinz Happe

Karlheinz Happe
Birkenweg 5
08541 Mechelgrün

bildungsberatung
Telefon: 03746377997
autor@karlheinzhappe.de
www.karlheinzhappe.de

1. Auflage, 2017

© Karlheinz Happe – alle Rechte vorbehalten.

Karlheinz Happe

Birkenweg 5

08541 Mechelgrün

ISBN: 9783848256471

autor@karlheinzhappe.de

www.karlheinzhappe.de

Titelbild: © Daniel Ernst – Fotolia

Herstellung und Verlag:

BoD - Books on Demand, Norderstedt

Inhaltsverzeichnis

A. Grundlagen

1. Einführung

Begriff der Doppik in der Öffentlichen Verwaltung.

Doppik ist ein Kunstwort, das den Begriff doppelte Buchführung abkürzt. Die Abkürzung steht für die DOPPeltes Buchen in Konten. Diese klassische Definition betrifft eigentlich nur das Buchen im Zusammenhang mit der laufenden Buchhaltung, und hier nicht, wie man vermuten könnte, alles wird doppelt erfasst, sondern lediglich dass jede Veränderung des Vermögens, der Schulden sowie des Basiskapitals auf mindestens zwei Bilanzpositionen erfasst werden. Im Zusammenhang mit der Einführung der Doppik in der Öffentlichen Verwaltung wurde der Begriff inhaltlich erweitert. Er umfasst nun nicht nur das eigentliche Buchen, sondern auch alle Arbeiten und Ergebnisse, die im Zusammenhang mit der Haushaltsplanung, Haushaltsdurchführung und dem Jahresabschluss stehen. Das sind im Einzelnen:

Haushaltsplanung und Haushaltsvollzug,

Abschlussbuchungen,

Erstellen der Bilanz, der Erfolgsrechnung und der Finanzrechnung,

Erstellen des Anhangs und des Lageberichtes.

In Abgrenzung zu der in der Privatwirtschaft üblichen doppelten Buchführung mit Bilanz und Gewinn- und Verlustrechnung wird bei der in der Öffentlichen Verwaltung praktizierten Doppik ein so genanntes 3-Komponenten-Modell verwendet. Dieses umfasst die Vermögensrechnung (entspricht der Bilanz), Ergebnisrechnung (entspricht der GuV) und Finanzrechnung (entspricht vereinfacht der klassischen kameralen Rechnung), die durch ein viertes Modul - der Kosten- und Leistungsrechnung (KLR) zu einem 4-Komponenten-Modell ergänzt wird (Integrierte Verbundrechnung). Auf die letztgenannte

Komponente ist nicht zu verzichten, da der doppische Haushalt zukünftig auf der Basis von Produkten erstellt wird, deren Kosten können nur mit den Instrumentarien der KLR den Produkten korrekt zugeordnet werden. Damit wird es den Adressaten des doppischen Abschlusses ermöglicht, sich ein genaueres Bild von der wirtschaftlichen Gesamtsituation der Kommune zu verschaffen. Die Transparenz ist gegenüber kameralistischen Haushalten deutlich höher, u. a. ist es aus Teilergebnisrechnungen nachvollziehbar, welche Leistung (welches Produkt) in der Kommune wirtschaftlich erstellt worden ist, welche Leistung eine Verschlechterung/Verbesserung des Ergebnisses verursacht hat.

Die Kommune besteht in der Regel nicht nur aus der eigentlichen Verwaltung, sondern in vielen Fällen sind der Kommune Eigenbetriebe und Beteiligungen an erwerbswirtschaftlich geführten Unternehmen zu zurechnen. Die Doppik macht es auf der Grundlage eines einheitlichen Buchhaltungssystems möglich, alle beteiligten Einrichtungen zu einem fiktiven Unternehmen zusammen zu fassen. Im Ergebnis entsteht ein Jahresabschluss, der die Kommune in ihrer Gesamtheit darstellt – der „Konzernabschluss".

Gründe für die Einführung der Doppik

Mit der erfolgreichen Einführung der Doppik werden für die Öffentlichen Verwaltungen mehr Kostentransparenz und ein insgesamt effizienteres Arbeiten erwartet. Die Umstellung in den Kommunen soll laut Beschluss der ständigen Innenministerkonferenz der Länder vom 21. November 2003 bis spätestens 2012 abgeschlossen sein. Allerdings handhaben die Länder dies uneinheitlich. In Thüringen und Bayern gilt gar ein Wahlrecht für die Kommunen. Ein aus heutiger Sicht später Einführungstermin ist in Baden-Württemberg festgelegt worden: 01.01. 2020. Bevor Argumente für die Einführung der Doppik angeführt werden, hier ein Zitat aus Goethes Wilhelm Meisters Lehrjahre:

„Welchen Überblick verschafft uns nicht die Ordnung, in der wir unsere Geschäfte führen! Sie lässt uns jederzeit das Ganze überschauen, ohne daß wir nötig hätten, uns durch das Einzelne verwirren zu lassen. Welche Vorteile gewährt die doppelte Buchhaltung dem Kaufmanne! Es ist eine der schönsten Erfindungen des menschlichen Geistes, und ein jeder guter Haushalter sollte sie in seiner Wirtschaft einführen."[1]

Die Diskussion über die Einführung der Doppik ist bis heute noch nicht abgeschlossen. In einigen Fällen, in denen eine abwehrende Haltung eingenommen wird, ist häufig Unwissenheit die Ursache.

Eine besonders unsachliche Kritik an der Doppik gepaart mit Unwissenheit ist in einem Rhein-Main-Facebook-Blog[2] vom April 2010 veröffentlicht:

"Bruce Willis auf dem Datenfriedhof Bischofsheim - Im schmucklosen Büro von Hagen Treber, Kämmerer der 13.000-Seelen-Gemeinde Bischofsheim bei Rüsselsheim, hängt ein Poster. Es handelt sich um eine Fotomontage: Trebers Kopf sitzt auf dem durchtrainierten Körper von Bruce Willis in „Stirb langsam". Von seiner Hüfte und Schulter baumeln großkalibrige Waffen.

Hier stehe ich und kann nicht anders: Kämmerer Hagen Treber (genervt), den aktuellen Haushalt der Gemeinde Bischofsheim in der Hand und das fotomontierte „Stirb langsam"-Plakat an der Wand. „Bei der Kameralistik war alles einheitlich. Aber heute?" Treber lacht bitter."

Unabhängig davon, wie der einzelne Mitarbeiter einer Einrichtung darüber denkt, sollte es jedem klar sein, ein demokratisch gewähltes Gremium hat darüber entschieden, bundesweit mit dem letztmöglichen Termin 01.01. 2020 (Baden-Württemberg), diese Form des Rechnungswesens einzuführen. Dann darf sich niemand verweigern, auch wenn der Einzelne u. U. Vorbehalte gegenüber dem neuen Buchführungssystem hat, vielleicht auch Besitzstandsängste.

Eine weitere Veröffentlichung, die das fehlende bzw. lückenhafte Wissen zur Doppik aufzeigt, ist in der „Märkischen Allgemeine" vom 23.02. 2013 veröffentlicht worden.

„Man stiehlt uns unsere Rücklage…Gemeinderat von Vielitzsee sieht in dem doppischen Haushalt ein Instrument der Verschleierung …"

»…Je mehr die Gemeinde Vielitzsee hat, desto ärmer wird sie – ihrer Wut über dieses Paradox ließen die Gemeindevertreter am Donnerstagabend in Seebeck freien Lauf. Den Schuldigen hatten sie auch schnell ausfindig gemacht: die doppelte Haushaltsführung in Konten (Doppik), wie sie seit 2011 für brandenburgische Kommunen und Landkreise vorgeschrieben ist."

Diese letzte Aussage bezieht sich auf Besitz und Reichtum. Die kameralistische Vorstellung von reich, bedeutete in den meisten Fällen das Vorhandensein einer mehr oder weniger großen Rücklage als liquide Mittel (eingesparte Einnahmen). Allerdings konnte kein Kämmerer behaupten, seine Gemeinde sei reicher als die Nachbargemeinde. Der Reichtum einer Kommune erschließt sich erst mit der Doppik. Die Doppik weist in der Eröffnungsbilanz über das Basiskapital das Vermögen aus, das der Gemeinde auch gehört, also das, was nicht über Fremdkapital finanziert worden ist.

„Dem Gemeindevertreter Fereno Zitzmann platzte der Kragen: „Man stiehlt uns unsere Rücklage. Schuld sind die Abschreibungen auf jede Investition, die in der Doppik Pflicht sind. Im vergangenen Jahr hat die Gemeinde mit viel Fördergeld zahlreiche neue Straßen gebaut. Für jedes Gebäude und jede Straße wird nun aber im Haushaltsplan ein Wertverlust verbucht. Um diesen Betrag reduziere sich auch das Ersparte der Gemeinde, beharrte Zitzmann, der den Etatentwurf Seite für Seite studiert hatte."

Zunächst einmal: Die kameralen Rücklagen sind selbstverständlich nicht „gestohlen worden", sondern sie werden in der Eröffnungsbilanz im Bestand der liquiden Mittel ausgewiesen und erhöhen das Basiskapital.

Die Darstellung, die Abschreibungen würden in der Doppik die Gemeinden in die Verlustzone treiben, ist weit verbreitet (diese Behauptung wird weiter unten, zumindest für die Investitionen, die nach Einführung der Doppik getätigt worden sind, ausführlich widerlegt). Wenn denn im Vorjahr Investitionen über Fördermittel finanziert worden sind, dann führt das richtigerweise zu einer Erhöhung des Vermögens, und damit zu Abschreibungen in den Folgejahren, aber: Gleichzeitig mit den Abschreibungen müssen auch die Fördergelder (präziser unter Sonderposten weiter unten) erfolgsverbessernd aufgelöst werden.

„Ins selbe Horn stieß der Gemeindevertreter Erich Krüger: „Abschreibungen gingen früher auf ein Investitionskonto und standen damit für neue Wertschöpfung zur Verfügung. Wo geht das Geld nun hin?"

„Es fließe kein Geld – es werde nur verbucht, bemühte sich Doris Bergmann (die Kämmerin) zu erklären."

Diese Aussage ist wiederum richtig. Denn tatsächlich stellen die Abschreibungen nichtauszahlungswirksame Aufwendungen dar, das bedeutet Abschreibungen belasten die Liquidität einer Kommune nicht. Genauso, wie es der Gemeindevertreter für die Kameralistik (früher) beschreibt, genau so ist es in der Doppik, denn, werden die Abschreibungen über die Erträge „verdient", so stehen die finanziellen Gegenwerte der Abschreibungen als Bestandteil des CashFlow[3] für die Finanzierung von Investitionen zur Verfügung.

In den folgenden Ausführungen sollen einige, ausgewählte Vorteile, die sich aus der Einführung der Doppik ergeben, aufgezeigt werden.

Die Doppik **erfasst den kompletten Ressourcenverbrauch**. Das ist einer der wesentlichen Vorteile der Doppik. Durch sie werden die gesamten Ressourcen und deren Verbrauch dargestellt, auch die Aufwendungen, die in der Kameralistik nicht in dieser Form ausgewiesen wurden (Abschreibungen als Wertminderung des Anlagevermögens; Rückstellungen als ungewisse Verbindlichkeiten). Dadurch wird es möglich, die tatsächliche wirtschaftliche Situation einer Gemeinde, einer Stadt oder eines Landkreises darzustellen. Die Doppik führt zu einer **verbesserten Transparenz** der Aufgaben der öffentlichen Verwaltung. Jeder (Bürger; Politiker; Aufsichtsbehörde;...) kann sich ein realistisches Bild von der wirtschaftlichen Situation seiner Verwaltung machen bis hin zur Berücksichtigung von Beteiligungen der Gemeinde.

Die Doppik erbringt den Nachweis, inwieweit generationengerecht und nachhaltig gewirtschaftet wird. In der gegenwärtigen Diskussion spielt die **intergenerative Gerechtigkeit** eine nicht unbedeutende Rolle. Die wird durch die Berücksichtigung von zukünftigen Zeiträumen (Rückstellungen; zeitliche Abgrenzung) im doppischen Rechnungswesen gewahrt. Jedem Interessierten wird deutlich gemacht, wenn Belastungen in die Zukunft verschoben wurden und damit nachfolgende Generationen belastet werden.

Die Doppik liefert bessere **Entscheidungsgrundlagen** und bessere Steuerungsinformationen. Insbesondere Führungskräfte sowie Mandatsträger erhalten mit den Dokumenten der Doppik Instrumentarien, die es ihnen erlauben, politische Entscheidungen sachgerechter als bisher zu treffen. Durch unterjährige Vergleiche der Teil-Ergebnisrechnungen mit der Haushaltsplanung kann steuernd eingegriffen werden. Die outputorientierte Steuerung zeigt auf, welche Ressourcen, für welche Produkte verbraucht wurden. Mit der Einführung der Doppik wird es den kommunalen Einrichtungen möglich, eine Vielzahl von Instrumenten aus dem betriebswirtschaftlichen Controlling zur Steuerung einzusetzen. Durch die erhöhte Transparenz werden Tendenzen in der wirtschaftlichen Entwicklung in die falsche oder richtige Richtung eher sichtbar und damit steuerbarer.

Praxistipp:

Aus den angeführten Vorteilen ergibt sich für Kommunalpolitiker die folgende Zusammenfassung: Nur wer einen detaillierten Überblick über sein Vermögen, seine Schulden und sein Basiskapital (Eigenkapital), seine Erträge und Aufwendungen hat, kann Entscheidungen treffen, die die Gegenwart und die zukünftige Entwicklung der Kommune beeinflussen. Die viel zitierte höhere Transparenz muss durch die "Anwender" auch genutzt werden.

2. Grundlagen des Rechnungswesens

2.1 Gliederung des Rechnungswesens

Das Rechnungswesen (REWE) ist ein Teilgebiet der Betriebswirtschaftslehre. Es dient der vollständigen, systematischen Erfassung, Überwachung und informatorischen Verdichtung der durch den Verwaltungsprozess entstehenden Geld- und Leistungsströme.

Das Rechnungswesen untergliedert sich in zwei Teilbereiche:

Externes Rechnungswesen

Die externe Rechnungslegung bildet die wirtschaftliche Situation der Verwaltung nach außen ab (Finanzbuchhaltung). Dargestellt wird die Vermögens-, Finanz- und Ertragslage der Verwaltung, gegliedert in Bilanz, Erfolgsrechnung und Finanzrechnung. Rechtliche Grundlagen sind das Handelsgesetzbuch (HGB), steuerrechtliche Regelungen sowie landesspezifische Bestimmungen zum Rechnungswesen. Es entspricht den oben beschriebenen Inhalten der Doppik (Buchführung, Inventar, Jahresabschluss (Bilanz, Ergebnisrechnung und Anhang), Lagebericht, Sonderbilanzen, Zwischenbilanzen, Konzernabschluss).

Die Aufgaben des Rechnungswesens bestehen in der Dokumentation (lückenlose und systematische Aufzeichnung aller Geschäftsvorfälle), der Information und Rechenschaftslegung (für/gegenüber Aufsichtsbehörde, Banken, interessierte Bürger, Ratsmitglieder...) sowie der Kapitalerhaltung (langfristige Sicherstellung des in der Eröffnungsbilanz als Basiskapital ausgewiesenen „Eigenkapitals").

Das **interne Rechnungswesen** entspricht der Kosten- und Leistungsrechnung (KLR). Es hat die Aufgabe, den Ressourcenverbrauch für die Produkte (interne und externe) einer Kommune so genau wie möglich zu erfassen (Produktkalkulation). Die möglichst verursachungsgerechte Produktkalkulation wird perspektivisch eine produktorientierte Haushaltsplanung ermöglichen. Dem internen Rechnungswesen werden weitere Teilbereiche zugeordnet: Betriebswirtschaftliche Statistik, Vergleichsrechnung und Planungsrechnung.

2.2   Gesetzliche Grundlagen
Grundsätze ordnungsgemäßer Buchführung und Bilanzierung
Ein Jahresabschluss muss, wie die gesamte Buchführung, den Grundsätzen ordnungsgemäßer Buchführung und Bilanzierung entsprechen. Diese Ordnungsmäßigkeit wird vom beauftragten Prüfer dann auch testiert. Die Grundsätze ordnungsgemäßer Bilanzierung (GoB) sind ein Regelwerk des Rechnungswesens mit Rechtsnormcharakter, d. h., die Anwendung der GoB ist verbindlich. Nur ein Teil der GoB ist in Gesetzestexten niedergelegt (z. B. Handelsgesetzbuch/HGB); nicht kodifizierte GoB beruhen auf Empfehlungen und Gutachten, wissenschaftlichen Diskussionen und Gepflogenheiten der Praxis usw. Einige wichtige Grundsätze werden im Folgenden erläutert:

Generalnorm: Beinhaltet die Forderung, dass Jahresabschlüsse den Grundsätzen ordnungsgemäßer Buchführung und Bilanzierung entsprechen müssen.

Stichtagsprinzip: Die Jahresabschlüsse beziehen sich nach der Erstellung der Eröffnungsbilanz immer auf den 31.12. eines Haushaltsjahres. Das Haushaltsjahr ist gleich dem Kalenderjahr.

Vollständigkeit:

Danach sind alle Vermögensgegenstände, Schulden und Rechnungsabgrenzungsposten (RAP) zu erfassen. Das ermöglicht, dass das gesamte Vermögen sowie alle Schulden und das Eigenkapital (Basiskapital) erkennbar sind.

Saldierungsverbot:

Vermögenspositionen dürfen nicht mit Kapitalpositionen saldiert werden, ebenso wenig ist das Saldieren von Erträgen und Aufwendungen erlaubt. Die Kommune ist also verpflichtet, beispielsweise Mieterträge und Mietaufwendungen voneinander getrennt in der Ergebnisrechnung auszuweisen.

Bilanzkontinuität:

Fordert, dass bei den der Eröffnungsbilanz folgenden Abschlüssen eine „Stetigkeit" (formal und materiell) einzuhalten ist. Die formale Stetigkeit bezieht sich auf die Darstellung des Jahresabschlusses (z. B.: Beibehaltung einer einmal gewählten Gliederungstiefe). Die materielle Stetigkeit fordert die Beibehaltung von Wertansätzen. Der Bestand in der Schlussbilanz eines Haushaltsjahres muss dem Anfangsbestand des unmittelbar folgenden Haushaltsjahres entsprechen.

Einzelbewertung:

Jeder Vermögensgegenstand und jede Schuldenposition ist einzeln zu bewerten, sollte das nur mit hohem Aufwand oder gar nicht möglich sein, so können geregelte Ausnahmen zur Anwendung kommen (z. B.: Festwerte).

Kaufmännische Vorsicht:

Der Grundsatz der kaufmännischen Vorsicht fordert den Bilanzierenden auf, von zwei möglichen Wertansätzen einer Aktivposition den niedrigeren von beiden anzusetzen.

Praxisbeispiel: Die Kommune xy hat ein Grundstück (Brachland) im Besitz, dessen Anschaffungskosten betrugen 500.000 €. Kurz vor Abschluss der Eröffnungsbilanz erhält die Kommune eine Kaufanfrage für dieses Grundstück. Der Anfragende bietet: 1,5 Mio. €. Solange das Grundstück noch im Besitz der Kommune ist, ist nach dem Grundsatz der kaufmännischen Vorsicht das Grundstück mit den historischen Anschaffungskosten zu bilanzieren. Erst bei einem Verkauf muss der dann erzielte Gewinn bilanziert werden.

Bei Schuldenpositionen ist es umgekehrt: Von zwei möglichen Wertansätzen einer Schuldenposition ist der höhere von beiden zum Ansatz zu bringen.

Praxisbeispiel: Im November kauft eine Stadt Rohstoffe in den USA. Die Lieferung geht am 12. November ein, Rechnungsbetrag 10.000 US\$. Tageskurs am 12. November:1€ = 1,41 US \$ (Anschaffungskosten = 7.092,20 €). Zahlungsziel ist der 28. Februar des Folgejahres. Zum 01.01. ist diese kurzfristige Lieferantenschuld zu bilanzieren. Der Tageskurs zum letzten Börsentag im Dezember: 1€ = 1,20 US\$. Nach dem Grundsatz der kaufmännischen Vorsicht sind diese kurzfristigen Verbindlichkeiten mit: 8.333,33 € zu bilanzieren und nicht mit ihren Anschaffungskosten von: 7.092,20 €.

Dokumentation der intergenerativen Gerechtigkeit: Mit dem Jahresabschluss auf der Grundlage der Regeln der Doppik erkennt der Leser alle Sachverhalte, die einen Bezug zu zukünftigen Haushaltsjahren aufweisen (Rückstellungen; langfristige Verbindlichkeiten (Kredite), aktive und passive Rechnungsabgrenzung...).

Aufbewahrungsfristen für Handelsbücher, Inventare, Abschlüsse, PC-Programme und Belege: 10 Jahre. Bei einer PC-gestützten Buchhaltung müssen die gespeicherten Dateien innerhalb dieses Zeitraums lesbar gemacht werden können. Das kann wichtig werden, wenn in diesem Zeitraum ein Wechsel des Buchhaltungsprogramms stattfinden sollte.

Gesetzliche Regelungen

Bundesweite Regelungen[4]

Das Handelsgesetzbuch (HGB) regelt seit seinem Inkrafttreten (01. Januar 1900) die Handelsgeschäfte der Kaufleute. Diese Rechtsgrundlage hat sich über Jahre hinweg bewährt, auch wenn sie mehrfach überarbeitet worden ist, zuletzt mit dem Bilanzrechtsmodernisierungs-Gesetz (BilMoG) im Mai 2009. Für die Einführung der Doppik und die entsprechenden landesspezifischen Regelungen haben viele Bestimmungen des HGB Pate gestanden: u.a.: § 240 Inventar; § 243 - Aufstellungsgrundsatz; § 255 – Bewertungsmaßstäbe (Anschaffungskosten, Herstellungskosten); § 266 Gliederung der Bilanz. Neben dem HGB bestimmen weitere bundesweit geltende Regelungen auch die kommunalen Abschlüsse, wie das Körperschaftsteuer- und Umsatzsteuer-Gesetz (z. B.: bei Betrieben gewerblicher Art (BgA)).

Landesspezifische Regelungen

Das kann keine abschließende Aufzählung sein, im Folgenden sind nur die aufgezeigt und kurz beschrieben, die einen großen Einfluss auf die doppische Haushaltsführung nehmen.

Leitfaden zur Bilanzierung[5]

Der Leitfaden gibt Hinweise zur Erfassung und Bewertung von Vermögensgegenständen und der Schulden. Im Schlussteil werden mögliche Ableitungen von Bilanzpositionen aus der Kameralistik aufgeführt.

Gemeindehaushaltsverordnung – GemHVO[6]

Im Abschnitt 1 bis 4 sind für die Haushalts- und Finanzplanung (Ergebnishaushalt, Finanzhaushalt, Teilhaushalte und Budgets) Festlegungen getroffen worden.

Der Abschnitt 5 enthält Bestimmungen zum Haushaltsausgleich. In den Abschnitten 7 bis 10 ist Grundsätzliches zur Buchführung und zur Erstellung und zu Inhalten des Jahresabschlusses festgelegt.

Die verschiedenen Gruppen von Vermögensgegenständen sind mit ihren Nutzungsdauern unter www.nkhr-bw.de dargestellt.

Praxistipp:

Wichtige Bestimmungen sollten in jeder Bibliothek eines Abgeordneten sein. Via Internet (Website des Innenministeriums Baden-Württemberg) lassen sich diese problemlos herunterladen. Mit den heutigen Kommunikationsgeräten (Handys; Smartphons) haben Sie diese dann auch stets verfügbar am Mann/an der Frau.

3. Zustandekommen des Jahresabschlusses

3.1 Inventur

Inventur - Begriff

Im Rahmen der Erstinventur sowie zum Schluss eines jeden Haushaltsjahres ist von der Kommune eine mengen- und wertmäßige Erfassung ihrer Vermögensgegenstände und Schulden sowie Rechnungsabgrenzungsposten durchzuführen. Die Vermögensgegenstände, Schulden und Rechnungsabgrenzungsposten werden mengen- (durch: Messen; Zählen; Wiegen; Schätzen) und wertmäßig erfasst (Bestandsaufnahme).

Nach der Art der Durchführung (Inventurverfahren)[7] werden unterschieden: die körperliche Inventur und die Buchinventur.

Körperliche Inventur: Die materiell vorhandenen („greifbaren") Vermögensgegenstände sind durch Zählen, Messen, Wiegen sowie durch Schätzen mengenmäßig zu erfassen. Die Ermittlung des Wertes eines Vermögensgegenstandes erfolgt im günstigsten Fall auf der Basis historischer Anschaffung- oder Herstellungskosten. Die ermittelten Werte sind um folgende Sachverhalte zu mindern: Kumulierte Abschreibungen, Beschädigungen, Mängel, verminderte oder fehlende Verwertbarkeit, Qualität und Zustand. Für die Bestimmung der Art einzelner Vermögensgegenstände ist eine ausreichende Sachkunde der aufnehmenden Mitarbeiterinnen und Mitarbeiter erforderlich.

Buch-Inventur: Die Art, Menge und der Wert der Vermögensgegenstände und Schulden kann nur über Aufzeichnungen (Bücher) ermittelt werden. Das betrifft u. a. Forderungen, Guthaben bei Kreditinstituten, Verbindlichkeiten, Rückstellungen sowie aktive und passive Abgrenzung. Eine besondere Form der nicht körperlichen Inventur ist vom Gesetzgeber erlaubt, nämlich dann, wenn für Vermögensgegenstände des Anlagevermögens beispielsweise eine Anlagenkartei (PC-Programm) geführt wird, aus der die Zu- und Abgänge, sowie die Wertminderungen und eventuelle Zuschreibungen zeitnah erfasst werden. Der Bestand kann dann zum jeweiligen Bilanzstichtag (Eröffnungs-, Schlussbilanz) diesen Unterlagen entnommen werden.

Bei der Inventur müssen die Grundsätze ordnungsmäßiger Inventur (diese entsprechen den GoB) beachtet werden[8].

Neben der Nutzung von Informationen aus Büchern der Buchführung können unter bestimmten Umständen Informationen aus anderen Dokumenten verwendet werden.

Arten der Vermögensgegenstände und Schulden

Bei der Erstinventur müssen Vermögensgegenstände (Anlage- und Umlaufvermögen), Schulden, Rückstellungen sowie aktive und passive Rechnungsabgrenzungsposten vollständig erfasst werden. Ein Gegenstand ist dem Vermögen einer Kommune zu zurechnen, wenn die nachfolgenden Bedingungen erfüllt sind, und keine Regelungen des Ansatzverbotes greifen:

Wirtschaftliches Eigentum:

„Wirtschaftlicher Eigentümer ist danach, wem dauerhaft, also für die gesamte wirtschaftliche Nutzungsdauer des betreffenden Vermögensgegenstandes, Besitz, Gefahr, Nutzungen und Lasten an dem Vermögensgegenstand zustehen."[9]

Es sind also die folgenden Fragen zu stellen und zu beantworten: Übt die Kommune die tatsächliche Sachherrschaft über den Vermögensgegenstand aus?

Trägt die Kommune Gefahr und Risiko? sowie

Kann die Kommune den rechtlichen Eigentümer von der Nutzung des Wirtschaftsgutes während der Vertragsdauer ausschließen?

Beispiele für die Nichtübereinstimmung zwischen juristischem und wirtschaftlichem Eigentum können u. a. Leasing, Bauten auf Grundstücken Dritter, Kommissionsgeschäfte, Treuhandverhältnisse, Factoring, Pensionsgeschäfte und unberechtigter Eigenbesitz, Sicherungsübereignungen, Eigentumsvorbehalt, sein.

Selbstständige Verwertbarkeit[10]

Vermögensgegenstände sind dann aufzunehmen, wenn diese selbstständig verwertbar sind, d. h. wenn diese durch Veräußerung, Einräumung eines Nutzungsrechts, bedingten Verzicht sowie Zwangsvollstreckung ein wirtschaftlich nutzbares Potenzial hinsichtlich der Deckung der kommunalen Schulden darstellen. Vermögensgegenstände müssen theoretisch in Geld transformiert werden können. Dabei ist eine abstrakte Veräußerbarkeit für die Aktivierung des Vermögensgegenstandes ausreichend.

Wertgrenzen

Vermögensgegenstände mit einem Wert unter 1.000 Euro netto (hier ist: netto = ohne Umsatzsteuer) müssen nicht angesetzt werden.[11]

Kriterien, die den Wertansatz für Verbindlichkeiten/Schulden bestimmen, sind:

Wirtschaftliche Vermögensbelastung, Außenverpflichtung und Inanspruchnahme ist wahrscheinlich.

Inventur- und Bewertungsvereinfachungsverfahren

Es können drei Inventurverfahren zu verschiedenen Zeitpunkten angewendet werden. Die Zeitpunkte der Inventur werden durch Inventursysteme charakterisiert. Als Inventursysteme gelten:

- die Stichtagsinventur (die Inventur erfolgt zum vorgegebenen Stichtag),
- die vor- oder nachverlegte Inventur (die Inventur bei Gegenständen des Vorratsvermögens kann bis zu 3 Monate vor dem Bilanzstichtag bzw. bis zu 2 Monate nach dem Bilanzstichtag durchgeführt werden)
- die Stichproben-Inventur (der Bestand darf mittels statistischer Verfahren ermittelt werden).[12]
- die permanente Inventur (hier erfolgt die laufende Erfassung bspw. über Buchhaltungsprogramme). Einmal jährlich muss eine körperliche Inventur durchgeführt werden.

3.2 Das Inventar

A	Vermögen (gegliedert nach der Verweildauer in der Öffentlichen Verwaltung)
I	Anlagevermögen (steht der Kommune dauerhaft zur Verfügung) = Gebrauchsgüter. Vermögensgegenstände werden nach zu nehmender „Geldnähe" (Liquidität) geordnet, das bedeutet: Grundstücke/Gebäude („geldfern") stehen oben, Bargeld („geldnah") wird weiter unten ausgewiesenen.
II	Umlaufvermögen (nicht zum dauerhaften Verbleib vorgesehen) = Verbrauchsgüter. Die Grenze für die Dauer liegt bei einem Jahr. Demnach zählt alles, was länger als ein Jahr in der Verwaltung genutzt wird zum Anlagevermögen (siehe oben), alles was eine kürzere Verweildauer hat, ist dem Umlaufvermögen zuzurechnen. Die Zuordnung von Vermögensgegenständen zum Umlaufvermögen oder zum Anlagevermögen trifft die bilanzierende Kommune.
B	Verbindlichkeiten (Schulden) werden nach zunehmender Fälligkeit geordnet, langfristige Verbindlichkeiten werden über den kurzfristigen Verbindlichkeiten ausgewiesen. Der Schuldenbegriff kann dem Fremdkapital gleichgesetzt werden.
I	langfristige Verbindlichkeiten (zum Beispiel: Hypothekendarlehen, Investitionsdarlehen,...)
II	kurzfristige Verbindlichkeiten (zum Beispiel: Lieferantenverbindlichkeiten, Verbindlichkeiten aus Lohnsteuer, Kirchensteuer und Solidaritätszuschlag,...).
C	Eigenkapital (Basiskapital, Nettovermögen) Das Eigenkapital stellt den Teil des Vermögens dar, der nicht durch fremde Mittel finanziert worden ist. Das Eigenkapital ergibt sich rechnerisch als Differenz zwischen: **Eigenkapital = Vermögen minus Verbindlichkeiten**

Praxistipp:

Hier wird nochmals deutlich, dass die Bewertung des Vermögens letztendlich die Höhe des Basiskapitals bestimmt. Deshalb ist es wichtig, dass der die Eröffnungsbilanz bestätigende Rat über die zur Anwendung gebrachten Bewertungen unterrichtet wird, oder aber die Bewertungsmethoden einfordert (siehe 3.3 Bilanz).

3.3 Bilanz

3.3.1 Aufbau und Gliederung der Bilanz

Die Bilanz einer Kommune ist die Gegenüberstellung des Vermögens und des Kapitals in Kontenform. Der Begriff des Kontos soll an dieser Stelle im Zusammenhang mit dem Bilanzbegriff näher erklärt werden. Ein Konto in der Buchhaltung ist immer ein T-Konto. Der senkrechte Strich dieses „T" stellt die Abgrenzung zwischen Vermögen und Kapital dar. Wenn Sie ein wenig Fantasie walten lassen, können Sie in dem T-Konto eine abstrahiert dargestellte Balkenwaage erkennen. Die italienische Bezeichnung einer solchen Waage ist: Bilancia. Demnach ist die Bezeichnung Bilanz nichts anderes als die Ableitung aus dem italienischen Stammwort. Das für die Funktionsweise der doppelten Buchführung Entscheidende ist, dass die Waage (Bilanz) im Gleichgewicht stehen muss. Die linke Seite der Bilanz wird als Aktivseite (oder Aktiva), die rechte Seite als Passivseite (oder Passiva) bezeichnet. Der Anlass und der Zeitpunkt der Aufstellung sind der Bilanz hinzufügen (Eröffnungsbilanz, Schlussbilanz, Zwischenbilanz).

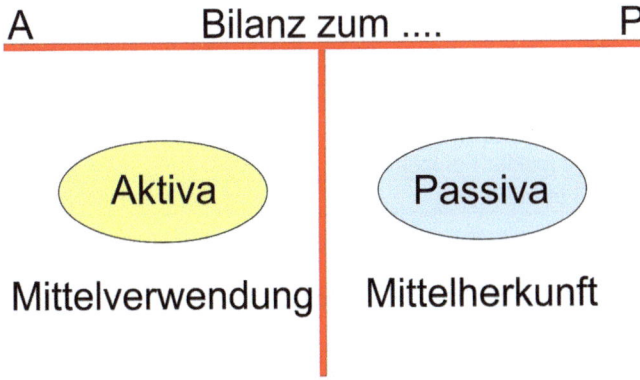

Abb. 1: Bilanz, schematisch (eigene Darstellung)

Aktiva		Bilanz zum...		Passiva
1	Vermögen	1	Kapitalposition	
1.1	Immaterielle Vermögensgegenstände	1.1	Basiskapital	
1.2	Sachvermögen	1.2	Rücklagen	
	Grundstücke, Gebäude, Infrastrukturvermögen, Kunstgegenstände, Maschinen und Technische Anlagen, Fahrzeuge Geschäftsausstattung		Rücklagen ordentliches Ergebnis, Rücklagen Sonderergebnis, Fehlbeträge, Janresüberschuss/ Fehlbetrag.	
1.3	Finanzanlagen	2	Sonderposten	
	Anteile an verbundenen Unternehmen, Wertpapiere, Öffentlich-rechtliche Forderungen, privatrechtliche Forderungen, Liqiuide Mittel.	3	Rückstellungen u. a.: Lohn- und Gehaltsrückstellungen, Stilllegungs- und Nachsorgerückstellungen für Abfalldeponien, Altlastensanierungsrückstellungen	
2	Abgrenzungsposten	4	Verbindlichkeiten	
			Verbindlichkeiten aus Krediten, Verbindlichkeiten aus Lieferungen- und Leistungen.	
3	Nettoposition (nicht gedeckter Fehlbetrag)	5	Passive RAP	
	Summe Aktiva		Summe Passiva	

Abb. 2: Bilanzgliederung nach § 52 GemHVO Doppik. Laufnummer 68

3.3.2 Ausgewählte Bilanzpositionen

Sachvermögen: Zum Sachvermögen gehören: Unbebaute und bebaute Grundstücke; das Infrastrukturvermögen (Straßen; Brücken;...), Kunstgegenstände und Kulturdenkmäler, Technische Anlagen/Maschinen, Fahrzeuge sowie Gegenstände der

Geschäftsausstattung. Eventuell zu bilanzierende Tierbestände werden nach deren Verkehrswert bewertet.

Zum Sachvermögen gehören weiterhin: **Vorräte** (im weitesten Sinn Materialbestände in Form von: Rohstoffen, Hilfs- und Betriebsstoffen, Fertigteilen u. a.). In den Fällen, in denen eine Kommune Gegenstände des Anlagevermögens selbst erstellt (Eigenleistung) müssen die zum Bilanzstichtag noch nicht fertiggestellten Eigenleistungen als „Unfertige Erzeugnisse" im Bestand des Sachvermögens bilanziert werden.

Finanzvermögen: In erster Linie sind hier die Beteiligungen der Kommune zu bilanzieren, aber auch langfristige Wertpapiere. Die Beteiligungen werden mit den Anschaffungskosten bilanziert. Es erfolgt keine planmäßige Abschreibung. Bei einer dauerhaften Wertminderung der Beteiligung ist eine außerplanmäßige Abschreibung vorzunehmen.

Praxistipp:

Die Ratsmitglieder sollten sich die Zusammensetzung dieser Position (Finanzanlagen) erläutern lassen. Die Vergangenheit hat gezeigt, dass es Kommunen gab, die z. T. hochspekulative Papiere im Bestand der Finanzanlagen hatten. Die Ratsmitglieder beschließen letztendlich die Eröffnungsbilanz und alle späteren Jahresabschlüsse, deshalb muss eine qualifizierte Bewertung von spekulativen Wertpapieren in dieser Position erfolgen, um nicht zu einem späteren Zeitpunkt durch außerplanmäßige Abschreibungen unangenehm überrascht zu werden.

Einen Teil des Finanzvermögens werden die **Forderungen** ausmachen. Der Forderungsbestand ist zum Bilanzstichtag hinsichtlich seiner Qualität zu prüfen und zu bewerten[13] (einwandfreie Forderungen; zweifelhafte Forderungen sowie uneinbringbare Forderungen). Das hat entsprechende Auswirkungen auf zukünftige Wertansätze zur Folge. Der Bestand an liquiden Mitteln ist gleichfalls im Finanzvermögen auszuweisen. In dieser Position werden sich auch mögliche kameralistische Rücklagen wiederfinden.

Aktive Rechnungsabgrenzung: Diese Position beinhaltet solche Aufwendungen, für die bereits bis zum Bilanzstichtag Zahlungen erfolgt sind, wobei ein Teil der Aufwendungen jedoch dem Folgejahr zu zurechnen sind.

Praxisbeispiel:

Die Gemeinde zahlt zum 01. November auf der Grundlage eines bestehenden Mietvertrages Miete für 3 Monate im Voraus – 3.000 €. Davon sind jedoch nur 2.000 € Aufwand für das abzuschließende Jahr (November/Dezember), 1.000 € dürfen erst im Folgejahr als Mietaufwand in der Erfolgsrechnung ausgewiesen werden und sind aktiv abzugrenzen.

Sonderposten für geleistete Investitionszuwendungen:[14]

Diese Sonderposten weisen die von der Gemeinde geleisteten Zuschüsse (Aktivierung = Ausweis auf der Aktivseite) gegenüber Dritten dar. Sie werden in der Vermögensrechnung ausgewiesen und nach Maßgabe des Zuwendungsverhältnisses aufgelöst.

Nettoposition: Auf der Aktivseite wird auch ein nicht gedeckter Fehlbetrag auszuweisen sein, nämlich dann, wenn die Vermögenswerte kleiner als die Schulden sind (nicht durch Kapital gedeckter Fehlbetrag). Handelsrechtlich wird dieser Tatbestand als Überschuldung bezeichnet und ist für Kapitalgesellschaften ein zwingender Insolvenzgrund.

Kapitalpositionen: Unter dieser Bilanzposition werden das Basiskapital, eventuelle Gewinnrücklagen und das Jahresergebnis (Überschuss oder Fehlbetrag) ausgewiesen. Das Basiskapital ist das in der Eröffnungsbilanz ausgewiesene Kapital aus der Berechnung: Summe Vermögen minus Summe Schulden.

Sonderposten: Hier müssen u. a. erhaltene Investitionszuwendungen ausgewiesen werden. Das können Zuwendungen sein für z.B. den Bau von Sporteinrichtungen oder für die Anschaffung von werthaltigen Vermögensgegenständen (z.B. Feuerwehrfahrzeugen). Um diese

Zuwendungen bilanziell abbilden zu können, werden Sonderposten gebildet. Im Falle von erhaltenen Zuwendungen ist der Sonderposten auf der Passivseite als Gegenposition zu dem Vermögensgegenstand abzubilden, der mit Hilfe der Zuwendung finanziert wurde. Da der Sonderposten parallel zur Abschreibung des Vermögensgegenstandes ertragswirksam aufgelöst werden muss, wird somit der Aufwand (Abschreibungen) korrigiert. Hierbei ist zu beachten, dass die Art der Abschreibung und die Nutzungsdauer des Vermögensgegenstandes und des zugehörigen Sonderpostens übereinstimmen sollten.

Rückstellungen: In der Gemeindehaushaltsverordnung sind die Rückstellungen abschließend im § 41 aufgezählt. An dieser Stelle jedoch ein Hinweis zum Charakter von Rückstellungen. Rückstellungen sind einerseits ungewisse Verbindlichkeiten (ungewiss deshalb, weil die tatsächliche Höhe sowie der Eintritt der Zahlung, zum Zeitpunkt der Bilanzaufstellung ungewiss ist), andererseits stellen die Rückstellungen Aufwand für das abzuschließende Jahr dar, sie beeinflussen deshalb (neben der passiven Bestandsgröße) auch die Erfolgsrechnung des abzuschließenden Jahres.

Praxisbeispiel:

Die Gemeinde erwartet im Folgejahr Prozesskosten in Höhe von ca. 3.000 € für einen abgeschlossenen Rechtsstreit. Die Zahlung wird wahrscheinlich im März des Folgejahrs erfolgen.

Für diesen Sachverhalt: „ungewisse Verbindlichkeit" ist am 31.12. eine Rückstellung zu bilden. Der Betrag von 3.000 € erhöht einerseits den Bestand an Rückstellungen (Passivposition), andererseits stellen Rückstellungen für das Jahr ihrer wirtschaftlichen Entstehung Aufwand dar, hier „Gerichtskosten" (Ergebnisrechnung).

Verbindlichkeiten: Die Verbindlichkeiten sind entsprechend ihrer Restlaufzeiten angeordnet. Als eine grobe Einteilung kann von langfristigen und kurzfristigen Verbindlichkeiten ausgegangen werden.

Passive Rechnungsabgrenzung: Hier sind solche Erträge abzugrenzen, für die eine Einzahlung vor dem Bilanzstichtag erfolgt ist, die aber nur zum Teil Ertrag des abzuschließenden Haushaltsjahres sind. Das oben genannte Beispiel der Mietvorauszahlung ist aus der Sicht des Vermieters zu interpretieren.

3.3.3 Ansatzvorschriften und Wertmaßstäbe

Für die öffentlichen Einrichtungen sind im Zusammenhang mit der Erstellung der ersten Bilanz die folgenden Fragen zu beantworten: Gehört die jeweilige Vermögensposition bzw. Schuldenposition in die Bilanz (Ansatzpflicht) oder kann die Position bilanziert werden (Ansatzwahlrecht) bzw. darf die jeweilige Position nicht angesetzt werden (Bilanzierungsverbot)?

Es existiert eine generelle Ansatzpflicht für Vermögen und Schulden soweit diese den Anforderungen entsprechen (siehe Inventur) und nichts anderes bestimmt worden ist.

Ansatzverbote:

Die in einer Kommune inventarisierten immateriellen Vermögensgegenstände des Anlagevermögens, die nicht entgeltlich erworben wurden, bei denen dem Bilanzierenden keine Eingangsrechnung vorliegt, dürfen nicht in der Bilanz ausgewiesen werden.

Ansatzwahlrechte:

Die Vermögensgegenstände des Sachanlagevermögens, die die Kommune „selbst" erstellt hat (Eigenleistungen) sind mit den direkten Materialkosten, den direkten Fertigungskosten sowie mit eventuellen Sonderkosten der Fertigung anzusetzen (Ansatzplicht). „Bei der Berechnung der Herstellungskosten dürfen auch angemessene Teile der notwendigen Materialgemeinkosten, der notwendigen Fertigungsgemeinkosten und des Werteverzehrs des Anlagevermögens, soweit er durch die Fertigung veranlasst ist, eingerechnet werden" (Wahlrecht).[15]

Den Ansatzwahlrechten ist auch die Wahl der geeigneten Nutzungsdauer abnutzbarer Gegenstände des Anlagevermögens zu zurechnen.

Ansatzpflichten:

Für Vermögens- und Schuldenpositionen besteht eine grundsätzliche Ansatzpflicht (Grundsatz der Vollständigkeit, siehe oben). Ausnahmen sind an entsprechender Stelle geregelt (siehe oben). Entsprechend den Regelungen der Kommunalhaushaltsverordnung-Doppik sind Rückstellungen für die im § 41 Absatz 1 abschließend aufgezählten Sachverhalte zu bilden.[16] Aktive (Auszahlung vor dem Bilanzstichtag und Aufwand nach dem Bilanzstichtag) und Passive (Einzahlung vor dem Bilanzstichtag und Ertrag nach dem Bilanzstichtag) Rechnungsabgrenzungsposten sind zu bilden.

Wertmaßstäbe

Anschaffungskosten (AK)[17]

Die Anschaffungskosten beinhalten den Anschaffungspreis, der i. d. R. gleich dem Angebotspreis des Lieferanten entspricht.

Für Anschaffungen im hoheitlichen Bereich ist die Umsatzsteuer inbegriffen. Anschaffungen im Bereich von bspw. Betrieben gewerblicher Art (BgA), die der Umsatzsteuerpflicht unterliegen, ist die in der Eingangsrechnung ausgewiesene Umsatzsteuer nicht Bestandteil der Anschaffungskosten. Anschaffungsnebenkosten sind solche, die zusätzlich zum Kaufpreis anfallen, um das Wirtschaftsgut in einen betriebsbereiten Zustand zu versetzen. Das können u. a. sein: Transportkosten; Montagekosten; Notarkosten; Kosten für den Grundbucheintrag Erschließungskosten;...). Nachträgliche Anschaffungskosten entstehen nach der Aktivierung des Anlagegutes. Anschaffungspreisminderungen können sein: Rabatte, sowie Skonti.

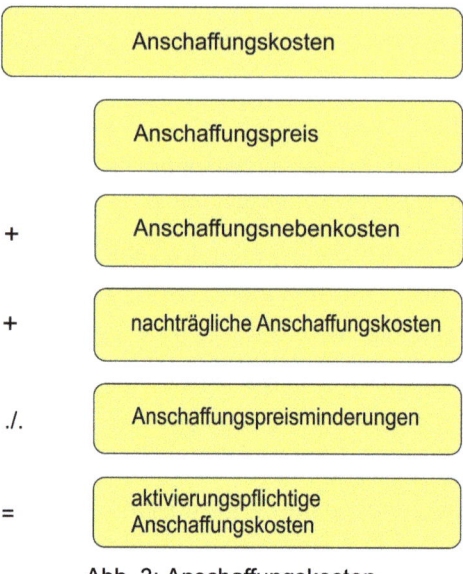

Abb. 3: Anschaffungskosten

_Praxisbeispiel__: Im im Januar 01 wird durch die Kommune eine technische Anlage in Betrieb genommen (02.01.). Die Anschaffungskosten betragen: 10.000 €. Die Nutzungsdauer wird mit 10 Jahren festgelegt. Im Januar des Jahres 02 wird eine elektronische Einrichtung eingebaut, deren Anschaffungskosten mit 1.900 € ermittelt werden (die Nutzugsdauer hat sich mit dem Einbau der Vorrichtung nicht verändert)._

Aktivierung 01	_10.000 €_
minus Abschreibung 01	_2.000 €_
Wertansatz zum 01.01. 02	_8.000 €_
Nachträgliche AK	_1.900 €_
Abschreibungsbasis ab 02	_9.900 €_
Abschreibung 02 (1/9)	_1.100 €_
Der Wertansatz in der Eröffnungsbilanz	
zum 01.01. 03 beträgt:	_8.800 €._

Herstellungskosten[18] sind die Aufwendungen, die einer Kommune bei
der Herstellung, bei der Erweiterung (einer Verbesserung der
Leistungsfähigkeit) eines Vermögensgegenstandes entstehen.

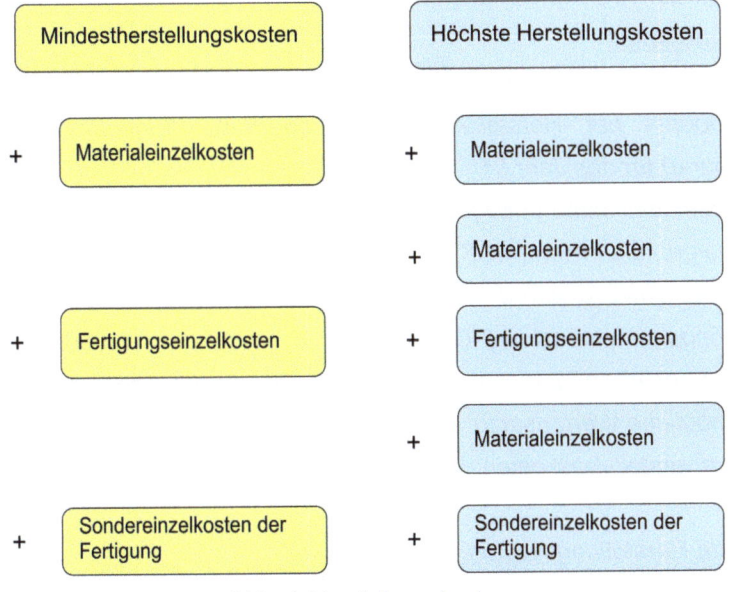

Abb. 4: Herstellungskosten

In der GemHVO sind zwei mögliche Wertansätze aufgezeigt: Einerseits
Mindestherstellungskosten und andererseits die höchstmöglichen
Herstellungskosten. Beide werden im Folgenden gegenübergestellt. Zu
den oben genannten Begriffen sind noch einige Erläuterungen
notwendig. Materialeinzel-, Fertigungseinzelkosten und
Sondereinzelkosten der Fertigung sind direkt dem Anlagegut
zuzurechnen. Daneben fallen „Gemeinkosten" an, die dem Namen nach
allgemein verursachte Kosten darstellen. Das können bei den
Materialgemeinkosten (z. B. Kosten für die Beschaffung, Lagerung und
Pflege des verwendeten Materials) sein. Fertigungsgemeinkosten
enthalten u. a. anteilige Kosten der eingesetzten Maschinen und Geräte
(Abschreibungen). Für die bilanzierende Kommune besteht außerdem

die Möglichkeit anfallende Zinsen für Fremdkapital, das zur Finanzierung der Herstellung eines Vermögensgegenstands verwendet wird, als Bestandteil der Herstellungskosten anzusetzen, soweit sie auf den Zeitraum der Herstellung entfallen.

Praxisbeispiel:

Folgende angenommenen Aufwendungen entstehen nach Einführung der Doppik bei Herstellung einer Lagerhalle (Eigenleistung der Kommune) für das Jahr 01:

Materialeinzelkosten (MEK)	*80.000 €*
Materialgemeinkosten (MGK)	*4.000 €*
Fertigungseinzelkosten (FEK)	*11.500 €*
Fertigungsgemeinkosten (FGK)	*5.000 €*

Danach bestehen für die im Januar 01 zu aktivierende Lagerhalle zwei mögliche Wertansätze:

Mindestherstellungskosten: MEK + FEK   = 91.500 €

oder

Höchste Herstellungskosten:

MEK + MGK + FEK + FGK)   = 100.500 €

Die Entscheidung für den einen oder anderen Ansatz hat Auswirkungen auf das Basiskapital der Eröffnungsbilanz und in den Folgejahren über die Abschreibungen auch Einfluss auf den Haushaltsausgleich.

Werden solche Gegenstände in späteren Haushaltsjahren erstellt, so ist ein weiterer Aspekt zu beachten: Diese selbsterstellten Wirtschaftsgüter sind als Eigenleistungen im Jahr der Fertigstellung zu aktivieren. Die dafür verbrauchten Aufwendungen müssen in voller Höhe (Vollständigkeitsgrundsatz) in der Erfolgsrechnung erfasst werden, die „Eigenleistung" entweder mit Mindestherstellungskosten oder mit den höchstmöglichen Herstellungskosten (Ansatzwahlrecht) als Ertrag in der Ergebnisrechnung. Dabei wird also auch Einfluss auf das aktuelle Ergebnis genommen.

Fortgeführte Anschaffungs-/Herstellungskosten

Die meisten Kommunen erstellen ihre Eröffnungsbilanz auf der Grundlage fortgeführter Anschaffungskosten. Diese stellen nichts anderes dar, als die historischen Anschaffungskosten abzüglich der bis zum Zeitpunkt der Eröffnungsbilanz kumulierten Abschreibungen (planmäßig sowie außerplanmäßig). Selbstverständlich sind nachträgliche Anschaffungskosten bei der Wertermittlung zu berücksichtigen.

Vorsichtig geschätzte Zeitwerte/Erfahrungswerte

Grundsätzlich sind fortgeführte Anschaffungs-Herstellungskosten für die Bewertung heranzuziehen. Für Vermögensgegenstände, für die keine historischen Anschaffungs- oder Herstellungskosten ermittelt werden können, oder deren Ermittlung mit einem nicht vertretbaren Aufwand verbunden ist, können entsprechende Erfahrungswerte zum Ansatz gebracht werden.[19] In einigen Bundesländern erfolgt die Ermittlung von Zeitwerten auf der Basis einer Rückindizierung. Für die Rückrechnung (Rückindizierung) ist für Gebäude und sonstige Bauten der entsprechende Baupreisindex, für bewegliche Gegenstände ein geeigneter Preisindex des Statistischen Bundesamtes heranzuziehen. In der Inventurrichtlinie der Gemeinde ist der für die Rückrechnung genutzte Index aufzuzeigen. Das ist nicht ohne weiteres nachvollziehbar, deshalb eine „Übersetzung" mit Hilfe eines Beispiels :

Praxisbeispiel:

Die Kommune wird zum 01.01. 2020 auf die Doppik umstellen. Bei der Inventur soll eine auch weiterhin zu nutzende Technische Anlage (Anschaffung 2012) inventarisiert werden. Allerdings existieren für diese Anlage keinerlei Belege zu ihrer Anschaffung (keine Eingangsrechnung, keine gesonderten Aufzeichnungen aus einer Anlagekartei). Eine vergleichbare Anlage würde im Dezember 2019 39.950,10 € kosten. Der Preisindex Basis 2012 = 100%) beträgt für dieses Wirtschaftsgut: 116%. Die Nutzungsdauer wird mit 14 Jahren veranschlagt.

Vorgehensweise:

1. Rückindizierung auf 2012   (39.950/1,16):   34.440 € (AK)

2. Abzüglich der kumulierten Abschreibungen

*   (8 Jahre a   2.460 €) ./.   19.680 €*

3. Wertansatz zum 01.01. 2020   14.760 €

Besondere, detailliert beschriebene Vermögensgegenstände (Grund und Boden, Gebäude, bewirtschaftete Waldflächen, Verkehrsflächen) unterliegen bei der Ermittlung von Ersatzwerten besonderen Bestimmungen.

3.3.4   Bewertung der Aktiva und Passiva

Aktiva:[20]

Bilanzposition	Wertansatz
immaterielle Vermögens- gegenstände	Anschaffungskosten (AK); bei einer zeitlich begrenzten Nutzung ist das Wirtschaftsgut linear abzuschreiben; nicht entgeltlich erworbene (originäre) Wirtschaftsgüter dürfen nicht bilanziert werden (Ansatzverbot).
Sachanlage- vermögen	Anschaffung-/Herstellungskosten, Ersatzwerte
Grundstücke Gebäude	Anschaffungskosten (AK); sind keine AK ermittelbar, dann ist der Grund und Boden mittels Vergleichswertverfahren festzustellen; Grund und Boden gelten als nichtabnutzbar – sie werden demnach nicht planmäßig abgeschrieben; lediglich bei dauerhafter Wertminderung muss eine außerplanmäßige Abschreibung vorgenommen werden.

	Wertansatz Grundstücke und Gebäude getrennt nach Anschaffungskosten/ Herstellungskosten.
Infrastruktur-vermögen	Wertansatz Anschaffungs-/ Herstellungskosten; bzw. vorsichtig geschätzte Zeitwerte.
Kunstgegens-tände und Kulturdenkmäler	Bau- und Bodendenkmäler sind mit einem Erinnerungswert anzusetzen. Bewegliche Kunst- oder Kulturgegen-stände, deren Anschaffungskosten be-kannt sind, sind mit diesen zu erfassen. Sind Versicherungswerte bekannt, können auch diese bei Fehlen von Anschaffungskosten angesetzt werden.
Maschinen, Technische Anlagen, Fahrzeuge	Anschaffungs-/Herstellungskosten. Hinweis: Unterlassene Instandhaltungen sind wertmindernd bei der Bewertung zu berücksichtigen.
Finanzanlage-vermögen	Finanzanlagen sind mit ihren Anschaf-fungskosten zu bewerten (Höhe der Beteiligung). Finanzanlagen werden nicht plan- mäßig abgeschrieben. Eine Wertminder- ung auf Dauer ist außerplanmäßig abzuschreiben.
Forderungen	Forderungen sind grundsätzlich mit ihrem Nominalwert zu bilanzieren. Sie müssen u. U. wertberichtigt werden (Pauschalwertberichtigung oder Einzel-wertberichtigung).
Aktive Rechnungsab-grenzungs-posten (ARA)	Zahlung vor dem Bilanzstichtag, Aufwand nach dem Bilanzstichtag

Passiva:

Bilanzposition	Wertansatz
Eigenkapital, Nettoposition, ...	Das Eigenkapital ist das Ergebnis der Differenz: Summe des Vermögens abzüglich der Summe Schulden. Es wird in der Eröffnungsbilanz als Nettoposition ausgewiesen.
Rücklagen	Erhaltene Zuwendungen, die nicht ertragswirksam aufzulösen sind, sind als Sonderrücklagen zu passivieren. Überschüsse aus der Ergebnisrechnung werden in die Position Gewinnrücklage eingestellt.
Sonderposten	Sonderposten (hier erhaltene Zuwendungen) sind mit ihren ursprünglichen (historischen) Zuführungsbeträgen abzüglich der bis zum Bilanzstichtag erfolgten Auflösung zu passivieren.

3.3.5 Besonderheiten für die Eröffnungsbilanz

Die Bedeutung der Eröffnungsbilanz[21] einer Kommune wird dadurch hervorgehoben, dass es für sie eine Reihe besonderer Festlegungen gibt. Zunächst einmal sei nochmals darauf hingewiesen, dass die Eröffnungsbilanz Basis der Haushaltswirtschaft kommender Jahre ist. Dieser Bedeutung wird in der o. g. Bestimmung Rechnung getragen.

Für die Erstellung der Eröffnungsbilanz muss in der Planung ein nicht unbeträchtlicher Zeitaufwand vorgesehen werden. Die Kommunen, die bereits die Doppik eingeführt haben, geben fast durchweg an, dass für die erstmalige Bewertung des Vermögens eine zu geringe Vorlaufzeit vorgesehen war. So kann es vorkommen, dass der Haushaltsplan durch den Rat bestätigt werden soll, dieser aber keinerlei Information zu bspw. Wertansätzen in der Eröffnungsbilanz; zur Ausnutzung möglicher Bewertungswahlrechte; zur Entscheidung über die Festlegung der Nutzungsdauer von Vermögensgegenständen u. a. hat. Andererseits können politische Entscheidungen, z. B. die Formulierung lang- und kurzfristiger Ziele, nur auf diesen Informationen begründet werden (zu den Steuerungsmöglichkeiten im doppischen Haushalt siehe weiter unten).

Hier nun einige gesetzliche Bestimmungen, die sich auf die erstmalige Bewertung beziehen. Einen breiten Raum nehmen dabei Sachverhalte ein, die auf nicht vorhandene Anschaffungs- oder Herstellungskosten beruhen. In vielen Fällen ist bei der Inventur auf Ersatzwerte (Erfahrungswerte) zurückzugreifen (siehe oben).

Gegenstände des Finanzanlagevermögens sind mit ihren Anschaffungskosten anzusetzen, sind diese nur mit einem unverhältnismäßig hohen Aufwand zu ermitteln, ist als Bewertung das anteilige Basiskapital (Eigenkapital) anzusetzen.

Praxisbeispiel:

Eine Kommune ist zu 100% an den Stadtwerken (Rechtsform: GmbH) beteiligt. Der für die Eröffnungsbilanz der Kommune maßgebliche Jahresabschluss der Stadtwerke weist u. a. eine Summe Eigenkapital von 1 Mio. € aus. Dies setzt sich zusammen aus: Gezeichnetes Kapital (500.000 €); Gewinnrücklagen (400.000 €), Jahresüberschuss (100.000 €). Demnach ist die Beteiligung mit 1,0 Mio. € auszuweisen.

Sollten in der Eröffnungsbilanz Vermögensgegenstände, Rücklagen, Sonderposten, Rückstellungen, Verbindlichkeiten oder Rechnungsabgrenzungsposten mit einem unrichtigen Wert angesetzt worden sein, so kann der falsche oder unterlassene Wertansatz nachgeholt werden, soweit es sich um einen wesentlichen Betrag handelt. Eine solche Berichtigung ist im Anhang des entsprechenden Jahresabschlusses anzugeben. Sie ist dann nicht zulässig, wenn der Grund ein nachträglich ausgeübtes Bewertungswahlrecht ist.[22]

4. Konten in der Doppik

4.1   Bilanzveränderungen

In einer Kommune werden durch das Tagesgeschäft ständig Veränderungen[23] des Vermögens, der Schulden und des Eigenkapitals stattfinden. Einer der Grundsätze ordnungsgemäßer Bilanzierung verlangt die vollständige Erfassung dieser Veränderungen. Nun ist es jedoch so, dass sich mit jedem dieser Geschäftsvorfälle auch die Bilanz verändert (in ihrer Struktur bzw. in Struktur und Summe). Dazu einige Überlegungen. Die unten dargestellte Bilanz ist eine vereinfachte Eröffnungsbilanz.

Aktiva	Bilanz zum ...		Passiva
Anlagevermögen (ohne BGA)	1.000.000 €	Eigenkapital	516.000 €
BGA	10.000 €	Langfristige Verbindlichkeiten	496.000 €
Vorräte	8.000 €	Kurzfristige Verbindlichkeiten	26.000 €
Liquide Mittel	20.000 €		
Summe Aktiva	1.038.000 €	Summe Passiva	1.038.000 €

Abb.5 a: Vereinfachte Bilanz vor Geschäftsvorfall 1

Geschäftsvorfall 1: Die Gemeinde W kauft Streugut für den Winterdienst ein. Die Rechnung (2.000 €) wird bei Wareneingang beglichen (bar). Betroffen von diesem Geschäftsvorfall sind die Bilanzpositionen „Vorräte" und „Liquide Mittel". Der Bestand an Vorräten (Aktivposition) erhöht sich um 2.000 €, der Bestand an liquiden Mitteln (Aktivposition) verringert sich um den gleichen Betrag. Es wird demnach nur auf der Aktivseite der Bilanz „getauscht", im Rechnungswesen wird dieser Sachverhalt als „Aktiv-Tausch" bezeichnet. Die Bilanzsumme wird nicht verändert. Die Bilanz sieht nach dem ersten Geschäftsvorfall dann so aus:

Aktiva	Bilanz zum ...	Passiva
Anlagevermögen (ohne BGA)	1.000.000 €	Eigenkapital	516.000 €
BGA	10.000 €	Langfristige Verbindlichkeiten	496.000 €
Vorräte	10.000 €	Kurzfristige Verbindlichkeiten	26.000 €
Liquide Mittel	18.000 €		
Summe Aktiva	1.038.000 €	Summe Passiva	1.038.000 €

Abb 5 b: Vereinfachte Bilanz nach Gechäftsfvorall 1

Geschäftsvorfall 2: Die Gemeinde W wandelt eine kurzfristige Lieferantenschuld in eine langfristige Verbindlichkeit um (10.000 €). Bei diesem Geschäftsvorfall sind zwei Positionen der Passivseite berührt: Kurzfristige Verbindlichkeiten und langfristige Verbindlichkeiten. Eine Position wird um 10.000 € kleiner (kurzfristige Verbindlichkeiten) und eine Position wird um diesen Betrag größer (langfristige Verbindlichkeiten). Diesmal sind zwei Passivpositionen betroffen, deshalb „Passiv-Tausch", bei gleichbleibender Bilanzsumme. Die geänderte Bilanz hat folgendes Bild:

Aktiva	Bilanz zum ...	Passiva
Anlagevermögen (ohne BGA)	1.000.000 €	Eigenkapital	516.000 €
BGA	10.000 €	Langfristige Verbindlichkeiten	506.000 €
Vorräte	10.000 €	Kurzfristige Verbindlichkeiten	16.000 €
Liquide Mittel	18.000 €		
Summe Aktiva	1.038.000 €	Summe Passiva	1.038.000 €

Abb. 5 c: Vereinfachte Bilanz nach Geschäftsvorfall 2

Geschäftsvorfall 3: Die Gemeinde W kauft Vorräte auf Ziel (6.000 €). Das bedeutet, die kurzfristigen Verbindlichkeiten werden um 6.000 € größer, der Bestand an Vorräten erhöht sich um 6.000 €. In diesem Fall sind beide Seiten der Bilanz berührt. Die Bestände der Vorräte und der kurzfristigen Verbindlichkeiten erhöhen sich gleichermaßen. Die Bilanzsumme wird in diesem Fall größer, auch als Bilanzverlängerung bezeichnet. Im Rechnungswesen wird von einer „Aktiv-Passiv-Mehrung" gesprochen.

Aktiva	Bilanz zum ...	Passiva	
Anlagevermögen (ohne BGA)	1.000.000 €	Eigenkapital	516.000 €
BGA	10.000 €	Langfristige Verbindlichkeiten	506.000 €
Vorräte	16.000 €	Kurzfristige Verbindlichkeiten	22.000 €
Liquide Mittel	18.000 €		
Summe Aktiva	1.044.000 €	Summe Passiva	1.044.000 €

Abb. 5 d: Vereinfachte Bilanz nach Geschäftsvorfall 3

Geschäftsvorfall 4: Durch die Gemeinde W wird ein Teil der kurzfristigen Verbindlichkeiten per Banküberweisung beglichen (4.000 €). Der Bestand an liquiden Mitteln vermindert sich, die kurzfristigen Verbindlichkeiten verringern sich um den gleichen Betrag. Beide Seiten der Bilanz sind betroffen, die Bilanzsumme verringert sich. Es handelt sich hier um eine „Aktiv-Passiv-Minderung" (auch als Bilanzverkürzung bekannt).

Aktiva	Bilanz zum ...	Passiva	
Anlagevermögen (ohne BGA)	1.000.000 €	Eigenkapital	516.000 €
BGA	10.000 €	Langfristige Verbindlichkeiten	506.000 €
Vorräte	16.000 €	Kurzfristige Verbindlichkeiten	18.000 €
Liquide Mittel	14.000 €		
Summe Aktiva	1.040.000 €	Summe Passiva	1.040.000 €

Abb. 5 e: Vereinfachte Bilanz nach Geschäftsvorfall 4

Zusammenfassend kann festgestellt werden: Bei den im Tagesgeschäft einer Kommune auftretenden Geschäftsvorfällen werden stets mindestens zwei Bilanzpositionen (daraus resultiert auch die Bezeichnung „Doppeltes Buchen") berührt, und damit die Bilanz verändert (in ihrer Struktur und/oder in ihrer Summe). Mehr als diese vier dargestellten Sachverhalten gibt es nicht.

Aktivtausch	Der Geschäftsvorfall verändert nur die Struktur der Aktivseite.
Passivtausch	Der Geschäftsvorfall verändert nur die Struktur der Passivseite.
Aktiv-/ Passivmehrung	Der Geschäftsvorfall erhöht beide Seiten der Bilanz. Damit ändert sich ihre Struktur und die Bilanzsumme ist größer.
Aktiv-/ Passivminderung	Der Geschäftsvorfall vermindert beide Seiten der Bilanz. Damit ändert sich deren Struktur und die Bilanzsumme verringert sich.

Abb. 6: Übersicht Bilanzveränderungen

Die oben als Beispiel angeführten Geschäftsvorfälle betrafen in ihren Auswirkungen ausschließlich Positionen der Bilanz. Das Ergebnis der Geschäftsvorfälle war stets eine Bestandsveränderung der beteiligten Bilanzpositionen. Versuchen Sie doch einmal, den folgenden Geschäftsvorfall hinsichtlich seiner Auswirkungen auf die Bilanz und deren anschließendem Gleichgewicht einzuordnen.

Die Gemeinde W. verbraucht bereits gekauftes Streusalz aus dem Lager. Eine Seite des Sachverhaltes ist klar: Der Bestand an Streusalz (Vorräte) wird geringer und damit kommt die Bilanz aus dem Gleichgewicht. Nun ist Ihnen ja inzwischen bekannt, Sie brauchen eine zweite Bilanzposition, die bei entsprechender Veränderung, das erforderliche bilanzielle Gleichgewicht wieder herstellt. Nach einer kurzen Denkpause wird Ihnen als einzige Alternative die Veränderung des Bestandes an Eigenkapital einfallen. Jetzt passt wieder alles; das, was auf der Aktivseite verbraucht worden ist, führt zu einer Minderung des Bestandes des Eigenkapitals.

Verallgemeinernd bedeutet das, Aufwendungen (Verbrauch von Ressourcen) mindern den Bestand „Eigenkapital". Umgekehrt wirken Ressourcen-Zuflüsse (Erträge) bestandserhöhend auf das Eigenkapital.

4.2   Bestandskonten und Erfolgskonten

Die Pflicht einer buchführenden Einrichtung besteht u. a. auch darin, die auftretenden Geschäftsvorfälle vollständig und systematisch zu erfassen. So, wie es im vorangegangenen Kapitel dargestellt wurde, so ist es praktisch nicht händelbar. Nach jedem Geschäftsvorfall wäre eine neue Bilanz zu erstellen. Bei der Annahme von mehreren Tausend Geschäftsfällen innerhalb eines Jahres wäre das Chaos und damit die vom Gesetzgeber geforderte Klarheit und Übersichtlichkeit nicht gewährleistet. Die Väter (und Mütter) der Buchführung haben an dieser Stelle die Eröffnungsbilanz in „kleine Bilanzen" aufgelöst, nur dass jetzt von Bestandskonten gesprochen wird. Ein Konto ist, wie auch schon die Bilanz, ein T-Konto. Die beiden Seiten des Kontos werden mit Soll (linke Seite) und mit Haben (rechte Seite) bezeichnet. Die Seitenbezeichnung eines Kontos ist willkürlich gewählt, hat keinen Bezug zu den Inhalten, die Sie diesen Begriffen bisher zugeordnet haben (haben - besitzen; Sollstellung,...). Die Bestandskonten, die aus der Auflösung aktiver Bilanzpositionen resultieren, werden als „Aktive Bestandskonten" bezeichnet. Analog die Passiven Bestandskonten, die sind aus passiven Bilanzpositionen entwickelt worden. Das Entscheidende erfolgte aber mit der Festlegung von Regeln des Buchens auf Bestandskonten.

Soll Aktives Bestandskonto Haben	
Anfangsbestand	Minderungen des Bestandes
Mehrungen des Bestandes	Schlussbestand
Summe Sollbuchungen	Summe Habenbuchungen

Abb. 7 a: Buchungsregeln für aktive Bestandskonten

Ein aktives Bestandskonto nimmt den Anfangsbestand auf der Soll-Seite auf. Erhöhungen des Bestandes (Mehrungen) werden im Verlaufe des Haushaltsjahres auf der Soll-Seite erfasst. Minderungen eines aktiven Bestandskontos werden auf der Haben-Seite gebucht. Am Ende eines Haushaltsjahres werden die Schlussbestände im jeweiligen Konto ermittelt und nach Abgleich mit den entsprechenden

Inventurwerten in der Schlussbilanz des Haushaltsjahres ausgewiesen. Das bedeutet: Das ganze Haushaltsjahr über wurden die Geschäftsvorfälle auf den Bestandskonten (stellvertretend für die entsprechende Bilanzposition) gebucht und erst am Ende des Haushaltsjahres werden die Schlussbestände in die Schlussbilanz übernommen.

Soll	Passives Bestandskonto	Haben
Minderungen des Bestandes	Anfangsbestand	
Schlussbestand	Mehrungen des Bestandes	
Summe Sollbuchungen	Summe Habenbuchungen	

Abb. 7 b: Buchungsregeln für passive Bestandskonten

Die Buchungen auf einem passiven Bestandskonto sind, wie oben gezeigt, festgelegt. Die Sachverhalte, die in einem aktiven Bestandskonto auf dessen Soll-Seite gebucht wurden, werden in einem passiven Bestandskonto auf der Haben-Seite gebucht. Analog das „spiegelbildliche" Buchen auf der Soll-Seite eines passiven Bestandskontos. Diese Festlegungen führen letztendlich dazu, dass die Bilanz am Ende des Haushaltsjahres immer ausgeglichen sein muss (vorausgesetzt, es wurden alle Geschäftsvorfälle korrekt auf die richtige Seite des richtigen Kontos gebucht).

Diejenigen Mitarbeiter, die das eigentliche Buchen vorbereiten, hier wird vom „Kontieren" des Geschäftsvorfalles gesprochen, müssen sich also bei jedem Sachverhalt fragen.

(1) Welche Konten sind beteiligt?

(2) Was sind das für Konten (aktive oder passive Bestandskonten)?

(3) Was passiert auf diesen Konten (Sollbuchung oder Habenbuchung)?

Werden diese Fragen korrekt im Sinne der Festlegungen beantwortet, dann stimmt die Buchhaltung zum Abschlussstichtag problemlos.

Es ist an dieser Stelle noch zu klären, wie der Schlussbestand eines Bestandskontos ermittelt wird:

(1) Ermittlung der wertmäßig größeren Seite, (2) die Summe der wertmäßig   größeren Seite wird auf die wertmäßig schwächere Seite als deren Summe übernommen, (3) der Unterschiedsbetrag (Saldo) zwischen den Soll- und den Haben-Buchungen wird ermittelt und auf der wertmäßig schwächeren Seite als Schlussbestand (bei einem Bestandskonto) eingetragen.

Ein einfaches Beispiel soll das Grundprinzip des Buchens sowie den Abschluss eines Kontos verdeutlichen.[24]

Geschäftsvorfälle:

a) Anfangsbestand 1.855, b) Bürger bezahlt Gebühren bar 56,

c) Barzahlung an einen Lieferanten 357,

d) Zahlung für eine Zeitungsanzeige 119, e) Bareinlage 500,

f) Auszahlung für eine Aushilfe 341, g) Barkauf Büromaterial 30,

h) Zahlung Reisekostenvorschuss 300.

Buchungen auf sowie Abschluss des Kontos "Kasse".

Soll		Kasse		Soll
AB	1.855	c)		357
b)	56	d)		119
e)	500	f)		341
		g)		30
		h)		300
		SB		1.264
Summe	2.411	Summe		2.411

Abb. 8. Buchen und Abschluss im Konto Kasse

Buchen auf Erfolgskonten

Im vorigen Abschnitt sind die Auflösung der Eröffnungsbilanz in Bestandskonten sowie das Buchen auf Bestandskonten gezeigt worden. In einer Kommune werden nicht nur Bestandsveränderungen auf Bestandskonten gebucht, sondern auch, wie bereits kurz aufgezeigt, Sachverhalte gebucht, die auf den Bestand des Eigenkapitals Einfluss nehmen. Diese Geschäftsvorfälle könnten direkt im passiven Bestandskonto Basiskapital gebucht werden. Das würde jedoch nach kurzer Zeit zu einer Unübersichtlichkeit in diesem Konto führen. Einmal die Forderung nach Übersichtlichkeit und damit nach Transparenz, zum anderen die Forderung im Rahmen des Jahresabschlusses, auch eine Ergebnisrechnung zu erstellen, macht das Buchen auf Erfolgskonten notwendig. Erfolgskonten (Ertrags- und Aufwandskonten) sind Unterkonten des Basiskapitals und werden analog dem passiven Bestandskonto bebucht. Demnach werden Ressourcenverbräuche im Soll eines entsprechenden Aufwandskontos (Minderung des Basiskapitals), Ressourcenzuflüsse (Mehrung des Basiskapitals) im Haben eines entsprechenden Ertragskontos gebucht. Der unten dargestellte Sachverhalt zeigt Ihnen (an einem einfachen Beispiel) den Buchungskreis „Ergebnisrechnung".

Geschäftsvorfälle:
- Steuererträge (Bankgutschrift) 30.000 €,
- Gehaltszahlung (Banküberweisung) 15.000 €,
- Mietaufwand (Banküberweisung) 20.000 €,
- Gebührenerträge (Bankgutschrift) 10.000 €,
- Materialverbrauch 1.000 €,
- AB Basiskapital: 150.000 €.

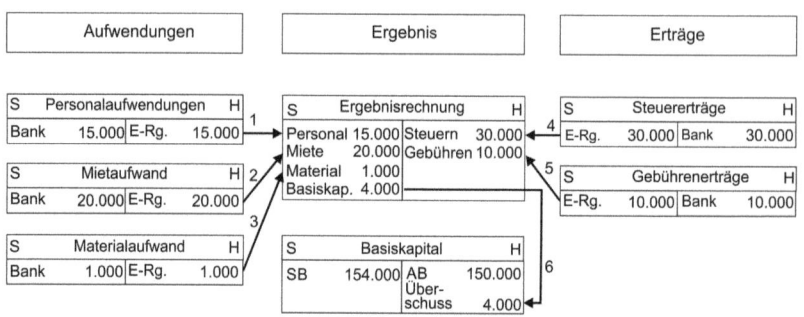

Abb. 9: Buchungskreis Ergebnisrechnung

Erläuterungen zur Abb. 14: E-Rg. – Ergebnisrechnung, Basiskap. – Basiskapital, AB – Anfangsbestand, SB – Schlussbestand.

Die Pfeile verweisen auf die jeweiligen Buchungssätze siehe auch weiter unten):

1: Ergebnisrechnung an Personalaufwendungen, 2: Ergebnisrechnung an Mietaufwand, 3: Ergebnisrechnung an Materialaufwand,

4: Steuererträge an Ergebnisrechnung, 5: Gebührenerträge an Ergebnisrechnung, 6: Ergebnisrechnung an Basiskapital

Exkurs: Buchungssatz

Die Doppelte Buchführung verlangt eine Systematik, die es erlaubt, Geschäftsvorfälle in Buchungsanweisungen zu verwandeln. Diese Buchungsanweisung wird im Rechnungswesen als Buchungssatz dargestellt. Den Geschäftsvorfällen liegt ein Beleg zu Grunde (Belegpflicht, siehe vorn), er ist das Bindeglied zwischen dem Geschäftsvorfall und der eigentlichen Buchung. Der Buchungssatz sagt dem Buchenden eindeutig, welche Seite eines Kontos zu bebuchen ist. In einem Buchungssatz wird zuerst das Konto genannt, das sich im Soll verändert, dann das Konto, welches sich im Haben verändert. Die Konten werden mit dem Wort „an" verbunden.

Hinweis: Dieses „an" ist für den Leser/Hörer das Zeichen ab jetzt werden Konten aufgeführt, die im Haben bebucht wurden. Das „an" gibt **keine** Richtung an!

Vor der Bildung eines Buchungssatzes sind vom Buchenden wieder Vorüberlegungen an zustellen:

Welche Konten sind beteiligt?

Sind dies Aktive oder Passive Bestandskonten?

Erfolgt auf den Konten eine Mehrung oder eine Minderung?

Nach Beantwortung dieser Frage erkennen Sie, auf welcher Seite gebucht werden muss.

Danach ist es leicht, den Buchungssatz zu formulieren:

Praxisbeispiel: *Kauf von Material gegen Barzahlung.*

Beteiligte Konten:	Materialbestand	Kasse
Kontenart	Aktivkonto	Aktivkonto
Was passiert?	bestandserhöhend	bestandsmindernd
Soll/Haben?	Sollkonto	Habenkonto

Buchungssatz:

Materialbestand (Sollkonto)   1.000

                      an   Kasse   1.000

5. Von der Eröffnungsbilanz zur Schlussbilanz

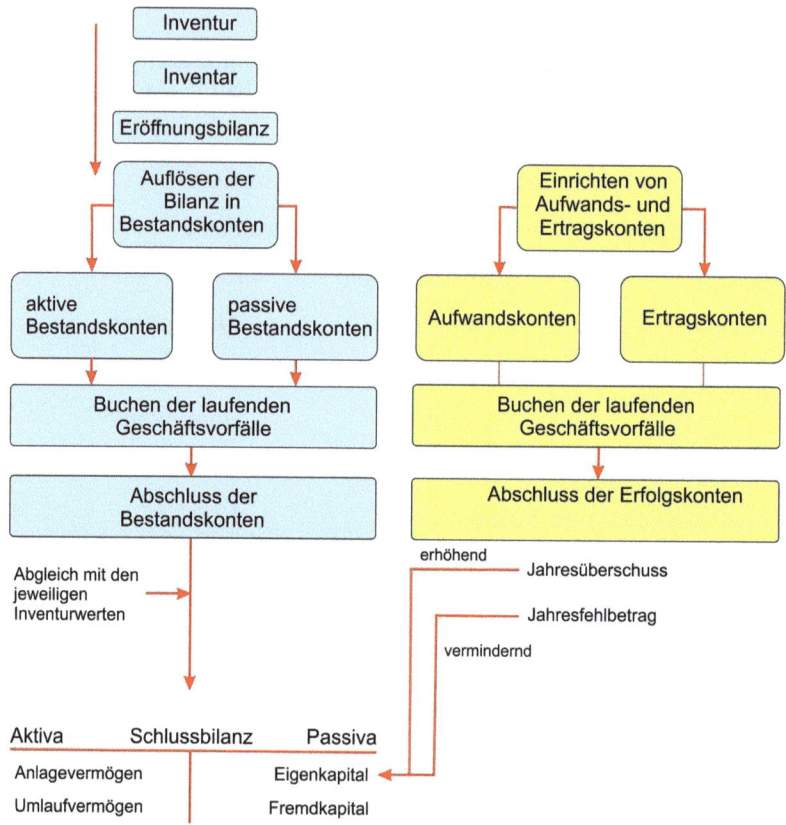

Abb. 10: Von der Eröffnungsbilanz zur Schlussbilanz

6. Kontenrahmen/Produktrahmen

Aufbau des Kontenrahmens Baden-Württemberg[25]

Der **Kontenrahmen** stellt ein systematisches Verzeichnis aller Konten für die Buchführung in einem Bundesland dar und dient als Richtlinie und Empfehlung für die Aufstellung eines individuellen Kontenplans für die buchhaltende Gemeinde. Durch dieses Ordnungsgerüst sollen einheitliche Buchungen von gleichen Geschäftsvorfällen erreicht und Vergleiche zwischen den Kommunen ermöglicht werden.

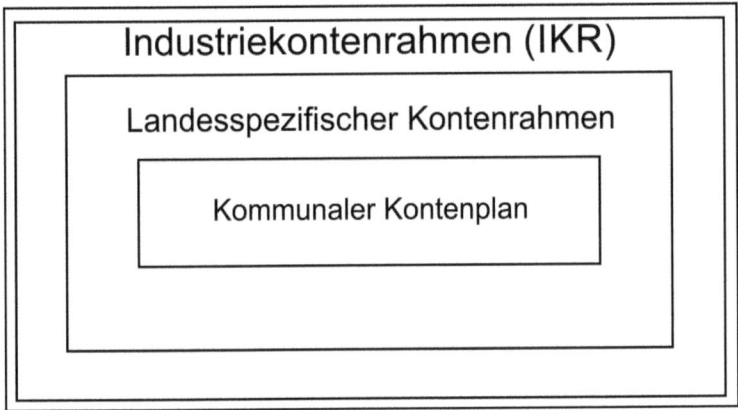

Abb. 11: Entwicklung des kommunalen Kontenplans

Der Landeskontenrahmen Baden-Württembergs entspricht in seiner Gliederung dem Industriekontenrahmen (IKR). Das dem IKR zu Grunde liegende Prinzip ist das „Abschlussgliederungsprinzip". Dabei beziehen sich die Kontenklassen auf die jeweiligen Positionen des Jahresabschlusses: Bilanzpositionen, Positionen der Ergebnisrechnung, Positionen der Finanzrechnung sowie der Kosten und Leistungsrechnung. Aus diesem Kontenrahmen leitet die Gemeinde ihren eigenen, individuellen Kontenplan ab, der als systematisches Verzeichnis aller verwendeten Konten einen elementaren Bestandteil des Systems Rechnungswesen in der Gemeinde darstellt. Das Abschlussgliederungsprinzip besagt, dass die Systematik des

Kontenrahmens so ausgerichtet ist, dass sie den Jahresabschlussdokumenten entspricht. Demnach ist an der Kontenklasse erkennbar, welchem Dokument des Jahresabschlusses der Schlussbestand eines Kontos zu zuordnen ist.

Aktiva	Bilanz zum ...	Passiva
Kontenklasse 0 Immaterielles Vermögen und Sachvermögen (Grundstücke, Gebäude, Infrastrukturvermögen; TAM, BGA, Vorräte)	Kontenklasse 2 Kapitalpositionen, Sonderposten, Verbindlichkeiten, Rückstellungen; Passive Rechnungsabgrenzung	
Kontenklasse 1 Finanzvermögen, Forderungen, Liquide Mittel, Aktive Rechnungsabgrenzung		

Abb. 12: Kontenklassen Bilanzkonten

Soll	Erfolgsrechnung zum...	Haben
Kontenklasse 4 Aufwendungen	Kontenklasse 3 Erträge	

Abb. 13: Kontenklassen Erfolgsrechnung

Die weiteren Kontenklassen sind der Finanzrechnung (Kontenklasse 6: Einzahlungen, Kontenklasse 7: Auszahlungen), den Abschlusskonten (Konten-Klasse 8) sowie der Kosten- und Leistungsrechnung (Kontenklasse 9) vorbehalten. Das dekadische Gliederungsprinzip ist am Beispiel einer vierstelligen Kontonummer, wie folgt definiert:

1731 – Bargeld:

Kontenklasse	1	Finanzvermögen und aktive Rechnungsabgrenzung
Kontengruppe	18	Liquide Mittel
Kontenuntergruppe	183	Bargeld
Konto	1831	Bargeld

Abb. 14: Kontenklassenstruktur am Beispiel "Bargeld"

Produktrahmen/Produkte[26]

"Ein Produkt im Kontext einer öffentlichen Verwaltung ist eine öffentliche Leistung oder eine Gruppe von öffentlichen Leistungen, die seitens einer Verwaltungseinheit für andere Verwaltungseinheiten oder für Dritte (z.B. Bürger) erbracht werden. Die Produkte einer öffentlichen Verwaltung sind i.d.R. ebenso ihre Kostenträger."

Die Systematisierung der Produkte in den Einrichtungen der Öffentlichen Verwaltung ist für die Kommunen Baden-Württembergs mit Produktbereichen und Produktgruppen verbindlich vorgegeben.[27]

Produkte werden in Produktgruppen, und diese in Produktbereichen zusammengefasst (Produkthierarchie). Alle Produktbereiche zusammengenommen bilden dann den Produktrahmen einer öffentlichen Verwaltung.

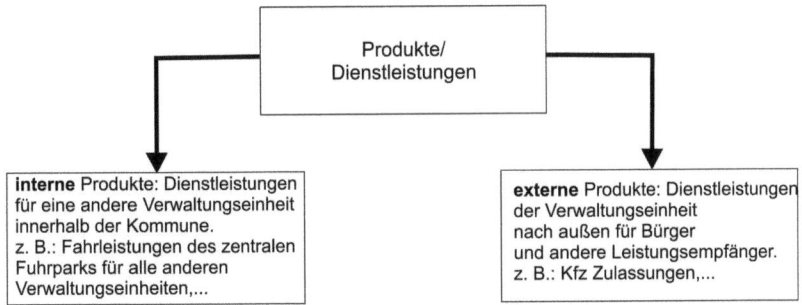

Abb. 15: Produkte in der Öffentlichen Verwaltung

Auszug „Kommunaler Produktrahmen"

Produktbereich	11 Innere Verwaltung	1. Ebene (zweistellig)
Produktgruppe	111 Verwaltungssteuerung und Service	2. Ebene (dreistellig)
Produktuntergruppe	1111 Gemeindeorgan	3. Ebene (vierstellig)
Produkt	111101 Stadtrat 111201 Organisations- angelegenheiten	4. Ebene (sechsstellig)

Abb. 16: Produktrahmen Baden-Württemberg (schematisch)

Für die Haushaltsplanung ist es nun wichtig, in welcher Form die Produktgruppen den Verwaltungsbereichen (Aufbauorganisation) in den jeweiligen Teilhaushalten zu geordnet sind. Grundsätzlich bestehen zwei Möglichkeiten, die Teilhaushalte zu gliedern. Sie können nach vorgegebenen Produktbereichen oder nach Verwaltungsbereichen gegliedert sein.[28]

Die folgende Systematik soll beispielhaft eine solche mögliche Zuordnung zwischen Verwaltungseinheiten und Produktbereichen veranschaulichen:

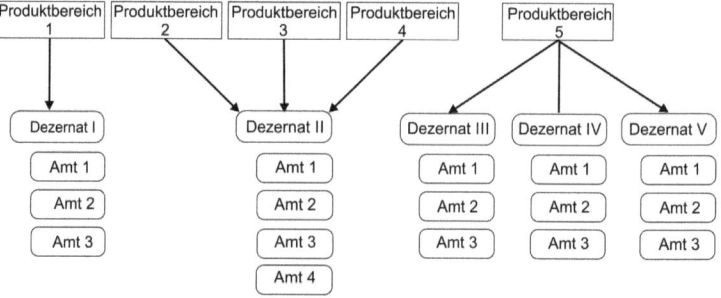

Abb.17: Zuordnungsmöglichkeiten Produkt–Verantwortungsbereich

Praxistipp:

Die Produkte eines Haushaltes müssen präzise beschrieben sein. Sinnvoll ist es, das in einem „Produktblatt" zu dokumentieren. Hier sollten u. a. ausgewiesen werden: Produktbereich, Produktgruppe, Produktuntergruppe, Kurzbeschreibung des Produktes,(falls erforderlich) die Rechtsgrundlage, Zielformulierung, Verantwortlichkeit für das Produkt, Kennzahlen (zur Messung der Zielerreichung).

Kennzahlen sind aus dem Rechnungswesen bekannt, allerdings beziehen sich diese sehr häufig auf erwerbswirtschaftlich orientierte Ziele (Rentabilität,...), deshalb ist es in der Einführungsphase der Doppik nicht problemlos möglich, diese als Kennzahlen für die Zielerreichung in den Öffentlichen Verwaltungen zu nutzen. Die klassischen Kennzahlen der Analyse des Jahresabschlusses werden in der Zukunft gleichwohl Eingang in die Öffentliche Verwaltung finden, nämlich dann, wenn eine genügend große Zahl an Kommunen doppische Jahresabschlüsse vorgelegt hat und/oder wenn die Kennzahlen einer Zeitreihe einer Kommune betrachtet werden. Bis dahin sollte sich auf Qualitätskennzahlen, Leistungskennzahlen, Kostenkennzahlen und Finanzkennzahlen beschränkt werden.

Qualitätskennzahlen	Leistungskennzahlen	Kostenkennzahlen	Finanzkennzahlen
Anzahl fehlerhafter Bescheide, Anzahl Widersprüche, Inanspruchnahme bestimmter Leistungen, Kundenzufriedenheit (Kfz-Zulassung, Durchlaufzeit eines Antrags.	Anzahl betreuter Kinder, durchschnittliche Wartezeit, Anzahl Leser (Bibliothek), Leserzahl/Medien-bestand einer Bibliothek.	Kosten je Schüler, Kosten je Bescheid, Kosten je Baugenehmigung.	Zinsanteil am Gesamthaushalt, Pro-Kopf-Steueraufkommen, Verschuldung je Einwohner.

Abb. 18: Kennzahlenbeispiele

Produktkalkulation

Die Produktkalkulation wird durch Instrumentarien der Kosten- und Leistungsrechnung unterstützt. Das Ziel der Kalkulation der Kosten eines Produktes muss darin bestehen, den tatsächlichen

Ressourcenverbrauch für die Erstellung einer Leistung so genau wie möglich zu ermitteln. Dabei stehen der Kostenrechnung Kalkulationsverfahren zur Verfügung. Diese sind nicht für jede Produktkalkulation geeignet. Sie sollen an dieser Stelle nur aufgezählt werden.

Kalkulationsverfahren (ausführliche Darstellungen im Teil C "Produktkalkulation"):

a) Zuschlagskalkulation: Einzelkosten (direkt der Leistung zurechenbar); zuzüglich allgemein verursachter Kosten (Gemeinkosten). Diese werden dem Produkt „zugeschlagen". Meist geht das nur mittels geeigneter Zuschlagssätze (oft in Prozent von den Einzelkosten).

b) Divisionskalkulation: Dieses Instrument der Produktkalkulation kann ein-, zwei- oder mehrstufig angewendet werden. Nur anwendbar bei homogenen Produkten (Elektroenergieerzeugung, Wasserlaufbereitung, ...).

c) Äquivalenzkennzahlenkalkulation: Anwendung bei artgleichen Produkten, z. B.: Abfallentsorgung – artgleich deshalb, weil die Aufwendungen sich nur durch die unterschiedliche Größe der Müllbehälter unterscheiden, der Ablauf ist ansonsten gleich.

d) Prozesskostenkalkulation: Bei dieser Form der Produktkalkulation wird die Erstellung der Produkte als (meist) kostenstellenübergreifender Prozess betrachtet.

Den einzelnen Teilprozessen werden die dort entstehenden Kosten zu geordnet. Die Summe der Teilprozesskosten ergibt die Produktkosten des Hauptprozesses (z. B.: Erstellung Baugenehmigung; Abläufe in kommunalen Bibliotheken,...).

Praxistipp: *Hinterfragen Sie die Ermittlung der Produktkosten. In der Verwaltungspraxis ist es noch nicht in allen Kommunen möglich, auf eine bestehende und funktionierende Kalkulation zurückgreifen zu können.*

7. Planung des kommunalen Haushalts

Die Doppik bringt gegenüber der Kameralistik veränderte Haushaltspläne: Zukünftige Planungen werden strategisch ausgerichtet sein (denken Sie nur an die Problematik „intergenerative Gerechtigkeit"). Mit der Haushaltsplanung werden durch die Politik Budgets festgelegt und Produktziele und Leistungsziele vorgegeben. Diese Ziel- und Leistungsvorgaben umzusetzen gehört in den Verantwortungsbereich der Verwaltung, die Kontrolle ihrer Erfüllung (auch unterjährig) sowie das Einleiten von Maßnahmen (bei Abweichungen) zur Unterstützung der Zielerreichung sind Steuerungsaufgaben des Rates.

Gesamt-haushalt	Ergebnishaushalt: Gesamterträge ./. Gesamtaufwendungen = Gesamtergebnis	Finanzhaushalt: Gesamteinzahlungen ./. Gesamtauszahlungen = Gesamtsaldo aus Cash Flow
Teil-Haus-halte	Teilhaushalte nach Produktbereichen oder nach Organisationseinheiten auf derBasis von Produkten.	Teilhaushalte nach anteiligen Ein- und Auszahlungen.
Haus-haltsquer-schnitte	Übersicht zu: Erträgen/Aufwendungen, Abdeckung von Fehlbeträgen früherer Haushaltsjahre, Veranschlagung des ordentlichen Ergebnisses, Nettoressourcenbedarf für die Teilhaushalte, Zahlungsmittelsaldo.	

Abb. 19: Bestandteile des Haushaltsplanes

Für die Kommunen Baden-Württembergs bedeutet das, dass für das jeweilige Haushaltsjahr ein nach Produkten gegliederter Haushaltsplan erstellt werden muss.

Der Ergebnishaushalt muss nach § 4, Absatz 1 und 2[29] in Produktbereiche oder Verantwortungs- bereiche gegliedert sein. Gleiches gilt für den Finanzhaushalt. Zusätzlich, und das ist neu, muss der Gesamthaushalt in Teilhaushalte und Budgets gegliedert sein. Die Bildung von Teilhaushalten bezieht sich sowohl auf den Ergebnishaushalt, als auch auf den Finanzhaushalt. Die Entscheidung, in welcher Form (organisationsbezogene Gliederung oder produktorientierte Gliederung) der Haushalt gestaltet wird, ist sorgfältig zu treffen, gibt es doch für beide Formen Vor- und Nachteile, deren ausführliche Beschreibung an dieser Stelle den Rahmen dieser Arbeit sprengen würde.

Der Gesamthaushalt wird bei der Haushaltsplanung durch die Summe seiner Teilhaushaltspläne (produktbezogen) untersetzt. Das kann nur funktionieren, wenn durch die Politik die Produkte/Dienstleistungen inhaltlich bestimmt werden und die Erfüllung der Leistungen an Hand von geeigneten Zielformulierungen und Kennzahlen gemessen werden kann. Dieser Prozess der produktorientierten Planung wird dadurch unterstützt, dass Verwaltungsleistungen im Produktrahmen des Landes Baden-Württemberg[30] bis zur Ebene der Produktbereiche verbindlich vorgegeben sind.

Der Regelfall sollte der Folgende sein: Die Verwaltung untersetzt das/die strategische(n) Ziel(e) mit Maßnahmen, die die Zielerreichung am ehesten unterstützen. Ist das vom Rat festgelegte Ziel z. B. der Haushaltsausgleich, so sind alle Wertansätze hinsichtlich ihrer Auswirkungen auf den aktuellen sowie der zukünftigen Haushaltsausgleiche zu prüfen.

Im Rahmen der Einführung der Doppik werden den Verantwortungsbereichen Budgets vorgegeben, mit denen die Budgetverantwortlichen, unter Beachtung wirtschaftlicher Gesichtspunkte, die Produkte Ihres Bereiches erstellen können. Die Budgetierung bedeutet, dem Verantwortlichen finanzielle Mittel (global) vorzugeben. Der Verantwortungsbereich entscheidet während der Haushalts-Plan-Realisierung selbstständig darüber, wie die Mittel am besten verwendet werden (dezentrale Finanzverantwortung). Damit besteht eine hohe Flexibilität beim Einsatz der Mittel bis hin zur gegenseitigen Deckungsfähigkeit. Die Planung sollte vorsehen, dass für jeden Teilhaushalt mindestens ein Budget steht. Es ist jedoch auch möglich, in einem Teilhaushalt mehrere Budgets zu bilden. Die Zuordnung von Budgets kann nach Verantwortungsbereichen oder nach ihrer Steuerbarkeit erfolgen. Im Letzteren Fall werden Ziele festgelegt, die im Verlauf eines Haushaltsjahres zu kontrollieren, eventuell auch zu korrigieren sind. Für den doppischen Haushalt müssen Budgetvereinbarungen (§ 4, GemHVO Doppik) getroffen werden. Die Aufnahme von Zielen, Zielvereinbarungen und Kennzahlen in die Budgetvereinbarung ist für Schlüsselprodukte vorgeschrieben.

An dieser Stelle sollen zwei Beispiele solche Zielvereinbarungen und Kennzahlen aufzeigen:

Praxisbeispiel 1:

Ziel: Zahl der unbearbeiteten Bauanträge reduzieren.

Zielvereinbarung (in diesem Fall könnten die Partner der Vereinbarung einerseits der Bürgermeister, andererseits der Verantwortliche des Bauamtes sein): Monatlich werden durch das Bauamt zusätzlich xxx Bauanträge bearbeitet.

Praxisbeispiel 2:

Ziel: Sicherstellung des vorbeugenden und abwehrenden Brand-schutzes. Die Feuerwehr ist spätestens 15 min nach Alarmauslösung vor Ort. Die Mitglieder der Feuerwehr werden regelmäßig geschult, um die fachliche Qualifikation ständig aktuell zu halten. 90 % der Mitglieder der Feuerwehr müssen am Ende eines Haushaltsjahres einen Nachweis über die Qualifikation bzw. über das Bestehen der Prüfungen erbringen. Die gesetzlich vorgeschriebene Mindeststärke ist sowohl bei den Berufsfeuerwehren, als auch bei den freiwilligen Feuerwehren abzusichern.

8. Doppik - Instrument der politischen Steuerung

Die kommunale Bilanzpolitik ist bewusste und zielgerichtete Gestaltung und Beeinflussung der Finanz-, Ertrags- und Vermögenslage auf der Grundlage der für die Kommunen verbindlichen Rechtsvorschriften. Bewusst – im wahrsten Sinne des Wortes- setzt Wissen über Zusammenhänge hier und jetzt getroffener Entscheidungen und deren Auswirkungen auf die Zukunft voraus. Zielgerichtet bedeutet auch hier, die Orientierung auf gegenwärtige und zukünftige Haushaltszeiträume. Kommunale Bilanzpolitik ist nicht vergleichbar mit bilanzpolitischen Maßnahmen in der freien Wirtschaft, deshalb können auch die dort praktizierten Instrumentarien nicht eins zu eins für die Kommunen übernommen werden. Die kommunale Bilanzpolitik ist an den Zielen der Öffentlichen Verwaltung und an den Adressaten des kommunalen Abschlusses ausgerichtet. Adressaten des kommunalen Abschlusses sind:

- Mandatsträger (Gemeinderäte; Kreistag),
- Mitarbeiter in den Verwaltungseinrichtungen,
- Kontrollorgane (Rechnungsprüfungsamt, Kommunalaufsicht,
- Drittmittelgeber,
- Banken und sonstige Kreditgeber,
- Bürger und Medien.

Die Ziele der Bilanzpolitik sind abhängig vom Leitbild einer Kommune. Eine wichtige Funktion eines Leitbildes ist es, in einer kurzen und präzisen Form den gesellschaftlichen Auftrag einer Kommune zu formulieren. Aus dem Leitbild werden die Ziele (kurzfristige aber auch langfristige) abgeleitet. In vielen Fällen ist das Hauptziel einer Kommune auf die Sicherung des Haushaltsausgleichs ausgerichtet. Neben der Verfolgung des definierten Hauptzieles ist es für die Kommunen gleichwohl wichtig, „Nebenziele" zu verfolgen und zu erreichen. Die Möglichkeiten einer Einflussnahme und damit einer Beeinflussung (im

Sinne einer Steuerung) gegenwärtiger und zukünftiger Situationen sind zweigeteilt. Nämlich Entscheidungen, die im Zusammenhang mit der Eröffnungsbilanz stehen und solche, die sich auf die der Eröffnungsbilanz folgenden Haushaltsjahren beziehen. Das heißt, die Erstellung der Eröffnungsbilanz hat ab dann Einfluss auf die Abschlüsse der Folgejahre. Deshalb hat der Gesetzgeber für die Erstellung der Eröffnungsbilanz eine gesonderte Festlegung getroffen[31].

Allgemeines zur Bilanzpolitik

Bilanzpolitik in der Kommune bedeutet, bestehende Wahlrechte und Ermessensspielräume bewusst zur Gestaltung des Jahresabschlusses zu nutzen, um die Ziele der Kommune verwirklichen zu können. Wahlrechte der bilanzierenden Kommune sind in den jeweiligen Gesetzen und/oder Verwaltungsanweisungen definiert. Darüber hinausgehende, bewusst anders interpretierte Sachverhalte verstoßen gegen die Ordnungsmäßigkeit der Bilanzierung und werden geahndet.

Ansatz- und Bewertungswahlrechte:[32]

- Bewertung nach dem Fest- oder Gruppenwertverfahren (§ 37).
- Wertansatz Herstellungskosten (§ 44 Absatz 3),
- Einbeziehung von Zinsen bei den Herstellungskosten (§ 44 Absatz 4)
- Bewertungsvereinfachungsverfahren des Vorratsvermögens („Verbrauchsfolge"; § 45),
- Wahlrecht beim Ansatz von bezuschussten Vermögensgegenständen (Brutto- oder Nettomethode).

Ermessens- und Beurteilungsspielräume[33]

- Festlegung der betriebsgewöhnlichen Nutzungsdauer (§ 43 Absatz 1)
- Ausnahme: Zulassung einer degressiven und Leistungsabschreibung (§ 43 Absatz 1)
- Festlegung außerplanmäßiger Abschreibungen (§ 43 Absatz 3)

Gestaltung von Sachverhalten

* Leasing-Sale-and-lease-back
* Ausgliederung von Aufgaben in Eigenbetriebe
* Bildung und Auflösung von Rückstellungen

Durch die bilanzierende Kommune sind die entsprechenden Informationen über Ausnutzung von Ansatz/Bewertungswahlrechten, Ermessens-/Beurteilungsspielräumen sowie die Gestaltung bestimmter Sachverhalte im Anhang des Jahresabschlusses zu dokumentieren. Sie können entsprechend dem Grundsatz der materiellen Stetigkeit nicht ohne weiteres in den Folgejahren geändert werden.

Auswirkungen bilanzpolitischer Entscheidungen

Der Anteil des Basiskapitals am Gesamtkapital ergibt sich aus der Entscheidung zur Bewertung von Vermögensgegenständen und Schulden in der Eröffnungsbilanz. Werden die Vermögenspositionen mit den höchstmöglichen Wertansätzen in der Eröffnungsbilanz ausgewiesen, hat auch das Basiskapital (bei unveränderten Schulden) einen höchstmöglichen Wertansatz. Der Anteil des Basiskapitals am Gesamtkapital ist die Basiskapitalquote. Diese Kennzahl wird auch als Grad der Selbstständigkeit bezeichnet. Die Höhe dieser Quote ist in der freien Wirtschaft eines der Kriterien, nach denen Kreditinstitute Geld verleihen und die darauf entfallenden Zins festlegen. Das hat für Kommunen bisher keine Rolle gespielt, die Kreditwürdigkeit einer Kommune ist der Kreditwürdigkeit der Bundesrepublik Deutschland gleichgestellt (Prime (Triple A): Schuldner höchster Bonität, das Ausfallrisiko ist sehr gering). Das kann sich zukünftig aber ändern. Die aktuellen Bestrebungen einer Erweiterung des durch Banken vorgehaltenen Eigenkapitals ist weiterhin in der Diskussion. Andererseits besteht durch die noch nicht gelöste Euro-Krise die Gefahr, dass die Euro-Länder in ihrer Gesamtheit ratingseitig weiter herabgestuft werden könnten. Dann hätte auch die Quote des Basiskapitals einen Einfluss auf die Kreditvergabe der Banken an

Einrichtungen der Öffentlichen Verwaltung, insbesondere auf die Höhe des zu zahlenden Zins.

Ein hoher Basiskapitalausweis, und damit eine höchstmögliche Bewertung der Vermögensgegenstände in der Eröffnungsbilanz bedeutet aber auch, durch die hohen zukünftigen Abschreibungen, eine Belastung des Ergebnisses künftiger Generationen. Bei Gegenständen des nichtabnutzbaren Vermögens (z. B.: Grundstücke; Finanzanlagen) kann ein hoher Wertansatz Risiken bergen, nämlich dann, wenn der Gegenstand in der Zukunft veräußert werden würde, der Verkaufserlös jedoch den Buchwert unterschreitet. In diesem Sachverhalt steckt dann auch ein Risiko bezüglich möglicher Ersatzdeckungsmittel und er belastet den Haushaltsausgleich. Geht die Kommune von möglichst geringen Wertansätzen in der Eröffnungsbilanz aus, werden die zukünftigen Abschreibungen niedriger ausfallen, u. U. fehlen aber in der Eröffnungsbilanz „Eigenmittel".

Die Entscheidung für oder gegen eine Steuerungsmöglichkeit hängt von der Zielstellung der Kommune ab.

Zu den Wahlrechten bei Ansatz bzw. Bewertung eines Vermögensgegenstandes wurde weiter vorn auf die Bewertung von aktivierten Eigenleistungen verwiesen. Das Beispiel soll an dieser Stelle aufgegriffen und eingehender untersucht werden.

***Praxisbeispiel** (Fortsetzung des Beispiels "Herstellungskosten")*
Danach bestehen für die im Dezember 2019 fertiggestellte Lagerhalle zwei mögliche Wertansätze in der Eröffnungsbilanz zum 01.01. 2020:
91.500 € (Mindestherstellungskosten) oder
100.500 € (höchste Herstellungskosten). Das Ergebnis ist in den Folgejahren bei Ansatz der Mindestherstellungskosten 900 € besser als bei Ansatz der Höchsten Herstellungskosten (niedrigere Abschreibungen).
Hier sollen die Auswirkungen des Wahlrechtes aufgezeigt werden, wenn der Gegenstand nach der Eröffnungsbilanz hergestellt wird.

Die durch die Kommune selbst erstellte Lagerhalle beeinflusst die Bilanz (Erhöhung des Bestandes Anlagevermögen), und in zweierlei Hinsicht auch die Ergebnisrechnung, wenn die Eigenleistung nach Doppik-Einführung erstellt wird. Im Jahr der Erstellung ist die „Eigenleistung" als Ertrag in der Ergebnisrechnung zu buchen, die verbrauchten Ressourcen als Aufwand.

Die Fertigstellung erfolgt im Januar 2020 (nach Einführung der Doppik), sonst gleiche Annahmen:

	Mindestherstellungskosten	Höchste Herstellungskosten
Herstellung Januar 2020		
Wertansatz bei Fertigstellung	91.500	100.500
Abschreibung 2020	9.150	10.050
Wertansdatz 31.12. 2020	82.350	90.450
Aktivierte Eigenleistung (Ertrag)	91.500	100.500
Herstellungsaufwand	-100.500	-100.500
Abschreibungen	-9.150	-10.050
Ergebnis	- 18.150	- 10.050

Das Ergebnis im Jahr der Aktivierung ist bei Ansatz der Mindestherstellungskosten um 8.100 € schlechter.

Beispiel für Ermessensspielräume:

Im § 43 der GemHVO-Doppik wird die Festlegung der Nutzungsdauer eines abnutzbaren Anlagegutes auf der Basis von Erfahrungswerten und auf der Grundlage des Zustandes des zu bewertenden Wirtschaftsgutes gefordert, demnach besteht an dieser Stelle die Gefahr einer (vorsätzlichen oder bei fehlender fachlicher Kompetenz ohne Vorsatz) falschen Festlegung der betriebsgewöhnlichen Nutzungsdauer. Durch die Ausnutzung der Ermessensspielräume bei der Festlegung der Nutzungsdauer ergeben sich sehr unterschiedliche Belastungen der zukünftigen Ergebnisse und damit des Haushaltsausgleiches über die gesamte Nutzungsdauer. Die politische Entscheidung muss sich nach den langfristigen Zielen der Kommune richten. Denn die einmal gewählten Nutzungsdauern für Gruppen von Anlagegütern müssen nach dem Grundsatz der materiellen Stetigkeit beibehalten werden.

Gestaltung von Sachverhalten

Die Nutzung geleaster Gegenstände hat gegenüber dem Kauf ergebnismäßig kaum oder keine Auswirkungen. Die nicht erfolgten Abschreibungen werden durch monatliche Leasingraten kompensiert. Der Verkauf mit anschließendem zurück Leasen (sale-and-lease-back) hat bis auf den Liquiditätszufluss des ersten Jahres fast ausschließlich Nachteile, die an dieser Stelle nicht weiter untersucht werden sollen.

Die Ausgliederung von Aufgaben/Bereichen hat vielerorts stattgefunden, die Auswirkungen auf die Zielerreichung einer Kommune muss von Fall zu Fall untersucht werden.

Bei der Bildung von Rückstellungen ist die Bildung abschließend im § 41 der GemHVO-Doppik geregelt. Buchhalterisch wirken Rückstellungen im Jahr der Bildung als Aufwand ergebnisverschlechternd und bestandserhöhend in der Bilanz (Position: Rückstellungen). Das Argument, diese dann so zu schätzen, dass sie im Jahr der Einstellung einen möglichst geringen Aufwand ausweisen, um damit das Ergebnis positiv zu beeinflussen, ist im ersten Ansatz denkbar. Allerdings muss der Sachverhalt bis ins Jahr der Auflösung der jeweiligen Rückstellung weitergeführt werden. Dann ist die zu geringe Höhe der Rückstellung als periodenfremder Aufwand zu buchen, beeinflusst demnach zeitversetzt ein späteres Ergebnis (negativ).

9. Glossar

Abschreibungsprinzip

Die Bewertung des Anlagevermögens macht es erforderlich, Wertminderungen korrekt zu erfassen. Dass das Anlagevermögen an Wert verliert, bzw. verlieren kann, hat eine Reihe von Ursachen:

- Wertminderung durch Nutzung,
- Wertminderung durch natürlichen Verschleiß,
- Wertminderung durch die technische/technologische Entwicklung,
- Wertminderung durch außergewöhnliche Einflüsse.

Die Erfassung der Wertminderung erfolgt über die Abschreibungen in der Erfolgsrechnung (planmäßig und/oder außerplanmäßig). Das Prinzip der Abschreibungen beruht darauf, dass die Anschaffungs-/Herstellungskosten auf die Jahre der voraussichtlichen Nutzung verteilt werden. In der Öffentlichen Verwaltung erfolgt das häufig als lineare Abschreibung (siehe dort).

Anlagenabgang

Der Abgang von Anlagegütern muss aus Gründen der Nachvollziehbarkeit vom Rechnungswesen korrekt erfasst werden.

Möglichkeiten des Anlagenabgangs:

Verkauf,

Verschrottung,

Schenkung,

Rückgabe im Rahmen der Gewährleistung.

Anlagenbuchhaltung

In der Anlagenbuchhaltung sind sämtliche Bestandsinformationen über die inventarisierten Anlagengegenstände enthalten.

Das Verzeichnis dient der Berechnung des jährlichen Werteverzehrs und den damit im Zusammenhang stehenden Abschreibungen, der Berechnung von Zinsen auf das in diesem Anlagevermögen gebundene Kapital und der vollständigen Erfassung der im Eigentum der

Verwaltung befindlichen Grundstücke und Gebäude, um hierfür auch ein entsprechendes Nutzungsentgelt (Miete/Pacht) zu berechnen.

Anlagevermögen

Im Anlagevermögen werden nur solche Wirtschaftsgüter ausgewiesen, die der Verwaltung über mehrere Verwaltungsjahre zur Verfügung stehen.

Ansatzvorschriften

Vorschriften, die festlegen ob ein Wirtschaftsgut in der Bilanz auszuweisen ist, ausgewiesen werden kann oder nicht ausgewiesen werden darf.

Anschaffungskosten

Die Anschaffungskosten werden wie folgt ermittelt:

	Listenpreis
+	Anschaffungsnebenkosten
+	nachträgliche Anschaffungskosten
./.	Anschaffungspreisminderungen
=	aktivierungspflichtige Anschaffungskosten.

Der Anschaffungspreis ist der in der Rechnung ausgewiesene Kaufpreis inklusive Umsatzsteuer. Organisationseinheiten, die zum Vorsteuerabzug berechtigt sind (dies betrifft insbesondere Betriebe gewerblicher Art), dürfen die Umsatzsteuer nicht in die Anschaffungskosten einbeziehen. Eine Besonderheit bei der Ermittlung von Anschaffungskosten ergibt sich beim Erwerb eines bebauten Grundstücks. Hier sind die für den Gesamterwerb angefallenen Auszahlungen (einschließlich der Anschaffungsnebenkosten) auf die Anteile Gebäude (abnutzbar) und Grundstücke (nicht abnutzbar) aufzuteilen.

Aufwendungen

Bewerteter Ressourcenverbrauch für die Erstellung der Produkte einer Verwaltungseinheit. Wichtige Aufwendungen sind: Materialkosten, Personalkosten, Abschreibungen, Dienstleistungen Dritter, Fremdleistungen sowie Steuern und Abgaben.

Außerordentliche Aufwendungen/Erträge

Alle Aufwendungen/Erträge, die nicht im unmittelbaren Zusammenhang mit den eigentlichen Verwaltungshandlungen stehen, zum Beispiel Erträge aus Wertpapiergeschäften.

Beteiligungen

Beteiligungen sind Anteile an Unternehmen, die in der Absicht gehalten werden, eine dauernde Verbindung zu diesem Unternehmen herzustellen. Als Beteiligung gilt im Zweifel ein Anteil am Unternehmen von mehr als 20%.

Basiskapital (Eigenkapital, Nettovermögen)

Das Kapital, das von der Öffentlichen Einrichtung als „Eigenkapital" zur Verfügung gestellt wird. Eigenkapital ist Haftungskapital, es steht der Verwaltungseinheit praktisch unbefristet zur Verfügung. Es entspricht in seiner Höhe dem Vermögen der Verwaltungseinheit, das nicht durch Fremdkapital finanziert worden ist.

Bewertungsvorschriften

Für die Bewertung von Vermögensgegenständen und Schulden existieren eine Reihe von Bewertungsvorschriften. Einen breiten Raum nimmt dabei im Handelsrecht der Grundsatz der kaufmännischen Vorsicht ein. Dieser beinhaltet zwei Prinzipien: Niederstwertprinzip und Höchstwertprinzip.

Niederstwertprinzip: Von zwei möglichen Wertansätzen (z. B.: Buchwert/Tageswert) ist bei Vermögensgegenständen immer der niedrigere zum Ansatz zu bringen.

Höchstwertprinzip: Von zwei möglichen Wertansätzen (z. B.: Buchwert/Tageswert) ist bei Schuldpositionen immer der höhere zum Ansatz zu bringen.)

Bilanz

Bilanz ist die Gegenüberstellung von Vermögen (linke Seite = Aktiva: Sachgüter, Rechte, Forderungen, Finanzanlagen, Kassenbestände, Bankguthaben usw.) und Reinvermögen und Schulden (rechte Seite = Passiva: Eigen- und Fremdkapital) einer Verwaltungseinheit zu einem bestimmten Stichtag. Die Bilanz weist auf der Passivseite die Kapitalherkunft aus, auf der Aktivseite die Mittelverwendung. Da nur die Mittel verwendet werden können, die vorhanden sind (bereitgestelltes Eigen- und Fremdkapital), muss sich die Bilanz im Gleichgewicht befinden (Bilancia (ital.) = Waage).

Buchungssatz

Enthält die zu buchenden Konten sowie den Buchungsbetrag. Zuerst wird/werden das Sollkonto/die Sollkonten genannt, dann erfolgt eine Trennung durch „an", im zweiten Teil des Buchungssatzes wird/werden dann das Habenkonto/die Habenkonten genannt. Bei zusammengesetzten Buchungssätzen sind mehr als nur zwei Konten beteiligt.

Buchwert

In der Bilanz ausgewiesener Wert eines Aktiv- oder Passivpostens, der nach Bewertungsvorschriften ermittelt worden ist.

Cashflow

Der Cashflow gibt an, welche finanziellen Mittel der Einrichtung im betrachteten Zeitraum für Schuldentilgung, Investitionen und Abdeckung des allgemeinen Risikos zur Verfügung standen.

Die in der betriebswirtschaftlichen Praxis sehr oft angewendete Ermittlung bezieht neben dem Gewinn auch nicht auszahlungswirksame Aufwendungen ein:

Gewinn

+   Abschreibungen auf Anlagevermögen

+/./.   Veränderung des Bestandes langfristiger
Rückstellungen

=   Cashflow

Controlling

Controlling ist die Entscheidungs- und Führungshilfe durch output-orientierte Planung, Steuerung und Überwachung aller Bereiche und Ebenen einer Verwaltungseinheit. Controlling ist ein Steuerungsinstrument, um das Erreichen der Verwaltungsziele zu sichern. Es soll rechtzeitig über Zielabweichungen informieren, um diese dann in Richtung Zielerreichung zu beeinflussen.

Doppik

Im engeren Sinn steht die Abkürzung für Doppeltes Buchen in Konten. Im weiteren Sinn jedoch auch für das kaufmännische Rechnungswesen insgesamt.

Im Rahmen der Doppik wird jeder Geschäftsfall doppelt gebucht, einmal im Soll und zum anderen im Haben der jeweils beteiligten Konten. In der Summe aller Buchungen einer Abrechnungsperiode müssen die Summen der Soll-Buchungen gleich denen der Haben-Buchungen sein.

Effektivität

Effektivität untersucht das Verwaltungshandeln im Hinblick auf seine Wirksamkeit. Damit verfolgt die Effektivitätsbeurteilung eine auf das grundsätzliche Handeln ausgerichtete und damit eher langfristige Perspektive. Oder anders formuliert: Effektivität heißt, die richtigen Dinge tun.

Effizienz

Untersucht das Verwaltungshandeln im Hinblick auf seine Leistung. Im Vordergrund steht, wie bestimmte Ziele erreicht werden, ohne die Ziele dabei ausdrücklich in Frage zu stellen. Damit verfolgt die Effizienzbeurteilung eine eher kurzfristige, auf direkte Tätigkeiten ausgerichtete Perspektive. Oder anders formuliert: Effizienz heißt, die Dinge richtig tun.

Ergebnisrechnung

Gegenüberstellung der Erträge und Aufwendungen einer Verwaltungseinheit in einer Periode (meist Kalenderjahr). Ausgehend von den Erträgen wird das Jahresergebnis als Jahresüberschuss/Jahresfehlbetrag ermittelt. Die Gesamt-Ergebnisrechnung ist durch Teilergebnisrechnungen (auf der Basis von Produktbereichen) zu untersetzen.

Eröffnungsbilanz

Die erstmals in einer Verwaltungseinheit aufgestellte Bilanz. In der weiteren Verwaltungstätigkeit wird jedes Verwaltungsjahr mit einer Eröffnungsbilanz buchhalterisch begonnen (diese ist identisch mit der Schlussbilanz des vorangegangenen Verwaltungsjahres).

Erträge

Der Ertrag entspricht dem Wertezuwachs und der Aufwand der Wertminderung, d.h. Erträge wirken sich positiv, Aufwendungen negativ auf das Jahresergebnis und damit auf das Basiskapital aus. Erträge und Aufwendungen werden dem Haushaltsjahr zugerechnet, zu dem sie wirtschaftlich gehören, unabhängig davon, ob sie erst in einem späteren Haushaltsjahr zu Ein- bzw. Auszahlungen führen (Periodisierungsprinzip). Bilanztechnisch wird die periodengerechte Zuordnung z.B. durch die Aktivierung bzw. Passivierung von Rechnungsabgrenzungsposten erreicht.

Fehlbetrag

Unterschiedsbetrag, um den die Summe der ordentlichen und außerordentlichen Aufwendungen im Ergebnishaushalt oder in der Ergebnisrechnung höher sind als die Summe der Erträge.

Finanzrechnung

Die Finanzrechnung ist Bestandteil des Jahresabschlusses. Sie dient dem Nachweis der Einzahlungen sowie dem der Auszahlungen.

Änderungen des Bestandes an Finanzmitteln werden durch sie ebenfalls dargestellt.

Grundbuch/Journal

Erfassung aller Geschäftsfälle in chronologischer Reihenfolge.

Grundsätze ordnungsgemäßer Bilanzierung in Kommunen

- Stichtagprinzip,
- Vollständigkeitsgebot,
- Saldierungsverbot,
- Bilanzkontinuität,
- Einzelbewertung,
- Kaufmännische Vorsicht,
- Dokumentation der intergenerativen Gerechtigkeit.

Hauptbuch/Kontenblätter

Erfassung aller Geschäftsfälle in sachlicher Richtigkeit.

Haushaltsplan

Der doppische Haushaltsplan besteht aus den folgenden Bestandteilen:

Gesamthaushalt: Ergebnishaushalt,

               Finanzhaushalt,

               Haushaltsquerschnitt.

Neu ist auch: Der Gesamthaushalt muss um Teilhaushalte ergänzt werden:

               Teilergebnishaushalt,

               Teilfinanzhaushalt.

Immaterielles Anlagevermögen

Das sind u. a.: Patente; Lizenzen; Rechte; Software,....

Inventar

Bestandsverzeichnis der bewerteten Vermögensgegenstände und der Schulden einer Verwaltungseinheit. Es unterliegt einer Formvorschrift.

Inventur

Mengen- und wertmäßige Bestandsaufnahme aller Vermögensgegenstände und Schulden. Es sind körperliche (Messen, Zählen, Wiegen...) und nichtkörperliche Inventuren (Buchinventuren) möglich. Die erfassten Mengen werden anschließend bewertet.

Jahresabschluss

Hauptbestandteile:
    Bilanz,
    Ergebnisrechnung/Teilergebnisrechnungen,
    Finanzrechnung/Teilfinanzrechnungen,
    Anhang.

Kassenkredite

Kurzfristige Verbindlichkeiten zur Überbrückung von Liquiditätsengpässen (Kontokorrentkredite).

Konsolidierung

Zusammenfassung der Jahresabschlüsse der Gemeinde und der in § 96 a der Gemeindeordnung genannten Aufgabenträger zu einem Gesamtabschluss.

Konten in der Doppik

S Aktives Bestandskonto H	
AB	Minderungen
Mehrungen	SB
Summe	Summe

S Passives Bestandskonto H	
Minderungen	AB
SB	Mehrungen
Summe	Summe

Neben den Bestandskonten werden Erfolgskonten (Aufwands- und Ertragskonten) geführt. Deren Abschluss erfolgt über die Ergebnisrechnung. Im Erfolgskonto ein Jahresüberschuss/Jahresfehlbetrag ermittelt und über das Konto Basiskapital ausgebucht.

Kosten

Kosten sind sachzielbezogener Verbrauch von Ressourcen für die Erstellung der Produkte einer Verwaltungseinheit innerhalb eines Verwaltungsjahres.

Kosten- und Leistungsrechnung

Die Kosten- und Leistungsrechnung ist ein Teilgebiet des kaufmännischen Rechnungswesens („internes" Rechnungswesen), in dem Kosten und Leistungen erfasst, gespeichert, den verschiedensten Bezugsgrößen zugeordnet und für spezielle Zwecke ausgewertet werden.

Die KLR gliedert sich in die Kostenartenrechnung (WAS?), die Kostenstellenrechnung (WO?) und die Kostenträgerrechnung (WOFÜR?).

Leistung

Leistung im Haushaltswesen ist jedes Arbeitsergebnis einer Organisationseinheit, das zur Aufgabenerfüllung erzeugt wird, und für das außerhalb der jeweiligen Organisationseinheit (verwaltungsintern oder -extern) ein Bedarf besteht.

Leistungen werden zu Produkten zusammengefasst.

Leistungsziele

Angestrebter Stand an Leistungen am Ende eines festgelegten Zeitraums, der durch quantitative und qualitative Kennzahlen messbar beschrieben wird.

Liquidität

Liquidität beschreibt die Fähigkeit, bestehenden Zahlungsverpflichtungen termingerecht und betragsgenau nachkommen zu können.

Liquiditätsreserve

Ist der im Haushaltsjahr verfügbare Betrag an Zahlungsmitteln (liquide Mittel, Wertpapiere und Ausleihungen), der nicht für Auszahlungen aus laufender Verwaltungstätigkeit sowie Investitions- und Finanzierungstätigkeit benötigt wird.

Passiva

Summe aus Basiskapital, Rücklagen, Sonderposten, Rückstellungen, Verbindlichkeiten und passiven Rechnungsabgrenzungsposten. Passiva geben Auskunft über die Mittelherkunft.

Periodengerecht

Periodengerecht bedeutet, dass die Zuordnung von Aufwendungen und Erträgen zum Zeitraum ihrer Entstehung bzw. wirtschaftlichen Zugehörigkeit in der tatsächlichen oder erwarteten Höhe erfolgt, unabhängig vom Zeitpunkt des tatsächlichen Geldflusses.

Produkt

Ein Produkt im Kontext einer öffentlichen Verwaltung ist eine öffentliche Leistung oder eine Gruppe von öffentlichen Leistungen, die seitens einer Verwaltungseinheit für andere Verwaltungseinheiten oder für Dritte (z.B. Bürger) erbracht werden. Die Systematisierung der Produkte in den Einrichtungen der Öffentlichen Verwaltung wird in den Innenministerien der Länder vorgenommen und ist für die Kommunen des jeweiligen Landes mit Produktbereichen und Produktgruppen verbindlich vorgegeben.

Produkthaushalt

Der Haushalt ist auf der Basis von Produktbereichen zu erstellen.

Rechnungsabgrenzungsposten

Miteinem Rechnungsabgrenzungsposten werden Auszahlungen/ Einzahlungen vor dem Bilanzstichtag, die zum Teil Aufwand/Ertrag nach dem Bilanzstichtag enthalten, entsprechend dem Periodisierungsgrundsatz zeitlich abgegrenzt.

Rücklagen

Einbehaltung von „Gewinnen" in der Verwaltungseinheit.

Rückstellungen

Rückstellungen sind Schulden/Verbindlichkeiten, die dem Grunde nach, nicht aber in ihrer Höhe und dem Fälligkeitszeitpunkt nach bekannt sind. Sie gelten als ungewisse Verbindlichkeiten. Sie sind in den jeweiligen Gemeindehaushaltsverordnungen in der Regel abschließend aufgezählt.

Skonto

Skonto ist eine Form des (vereinbarten) Preisnachlasses. Beispiel: Zahlungsziel, netto (bedeutet hier: Rechnungsbetrag ohne Abzug): 30 Tage; Skontoziel: 10 Tage; Skontosatz 2%.

Bei Nichtinanspruchnahme des Skontos „borgt" sich der Käufer der Ware beim Lieferanten Geld zu einem Zinssatz von 2% für 20 Tage

10 Tage	30 Tage
Skontoziel	Zahlungsziel

Wenn diese Bedingungen auf einen vergleichbaren Jahreszins hochgerechnet werden, ergibt sich ein Zinssatz von 36% p.a.. Deshalb ist es in den meisten Fällen, in denen Skontierungsmöglichkeiten vereinbart wurden, finanzwirtschaftlich von Vorteil, innerhalb des vereinbarten Skontoziels zu bezahlen. Für den Verkäufer besteht der Vorteil darin, dass die bestehenden Forderungen früher zu Geld werden.

Der Jahreszins ist für alle Zahlungsbedingungen nach der folgenden Formel zu berechnen:

$$\text{Jahreszinssatz (\%)} = \frac{\text{Skontosatz in Prozent} \times 360 \text{ Tage}}{\text{Nettozahlungsziel ./. Skontoabzugsfrist}}$$

Schlüsselprodukte

Produkte, die örtlich von finanzieller und/oder kommunalpolitische Bedeutung sind.

Sonderposten

Sonderposten sind gesondert auszuweisende Passivpositionen für Ertragszuschüsse, Kosten-Überdeckungen bei der Kalkulation von Gebühren, Beiträge und Ähnliches.

Tilgung von Krediten

Ordentliche Tilgung: Leistung des im Haushaltsjahr zurückzuzahlenden Betrages bis zu der in den Rückzahlungsbedingungen festgelegten Mindesthöhe.

Außerordentliche Tilgung: über die ordentliche Tilgung hinausgehende Rückzahlungen.

Transferaufwendungen/-erträge

Erträge und Aufwendungen ohne unmittelbar damit zusammenhängende Gegenleistung.

Überplanmäßige Aufwendungen und Auszahlungen

Aufwendungen oder Auszahlungen, die die im Haushaltsplan veranschlagten Beträge und die aus den Vorjahren übertragenen Ansätze für Aufwendungen und Auszahlungen übersteigen.

Umlaufvermögen

Diejenigen Vermögensgegenstände, die nur zu einer kurzfristigen Nutzung im Verwaltungsbetrieb einer Kommune verwendet werden (Richtwert: 1 Jahr).

Verbindlichkeiten

Kapital, das den Einrichtungen von Dritten zur Verfügung gestellt wird. Es ist nur befristet verfügbar und verursacht Kosten in Form von Fremdkapitalzinsen.

Die Gliederung in der Bilanz erfolgt in der Regel nach der Bindung: Langfristiges Fremdkapital oder langfristige Verbindlichkeiten (Bankkredite; auch: Anleihen) und kurzfristiges Fremdkapital oder Sonstige Verbindlichkeiten (Verbindlichkeiten aus Lieferungen und Leistungen; Verbindlichkeiten gegenüber Sozialversicherungsträgern;...).

Abbildungsverzeichnis Teil A

B. Haushaltsplanung

1. Einleitung

Ich habe in den Jahren 2009 bis 2017 eine Vielzahl von Veröffentlichungen in der Presse verfolgt und konnte feststellen, dass eine Menge von Falschdarstellungen sowie unkorrekter Interpretation der doppischen Sachverhalte nach außen kommuniziert werden. Die im Teil A zitierten Äußerungen stellen dabei keine Ausnahme dar. Die Ihnen vorliegende Arbeit soll die eventuell noch bestehenden Unklarheiten helfen, aus der Welt zu schaffen.

Als weitere notwendige Hilfestellung sollten Sie die für die Doppik wichtigen gesetzlichen Bestimmungen und Verwaltungsvorschriften für das Bundesland Baden-Württemberg nutzen.

Praxistipp:

Für das Bundesland Baden-Württemberg ist die folgende Internet-Quelle eine wichtige Adresse für Mandatsträger: www.nkhr-bw.de. Für die bundesweite Einführung der Doppik: www.haushaltssteuerung.de.

Die Einführung der Doppik in Städten und Gemeinden des Bundeslandes Baden-Württemberg soll durch die Festlegung des Landes Baden-Württemberg zum 01.01.2020 abgeschlossen sein. Allerdings habe ich im Rahmen meiner Seminartätigkeit feststellen können, dass die Qualität der Vorbereitung der Einführung in den einzelnen Verwaltungseinheiten auf unterschiedlichem Niveau stattfindet/stattgefunden hat. Schon deswegen sollten sich insbesondere die Politiker dafür einsetzen, dass ihre Verwaltungseinheit die Doppik auf qualitativ hohem Niveau praktiziert. Denn nur so lassen sich deren Vorteile auch für die Haushaltswirtschaft nutzen. An dieser Stelle soll aber auch nicht verschwiegen werden, dass es bei der Erstellung des ersten doppischen Haushaltsplanes in einigen

Kommunen Baden-Württembergs (aber auch in anderen Bundesländern) „selbst gemachte" Probleme gab und gibt. In der folgenden Darstellung wird versucht, die Abhängigkeit der einzelnen Bestandteile der Doppik voneinander aufzuzeigen, und die Auswirkungen von noch nicht erstellten Unterlagen auf die Qualität der Haushaltsplanung für das Verwaltungsjahr nach Einführung der Doppik deutlich zu machen.

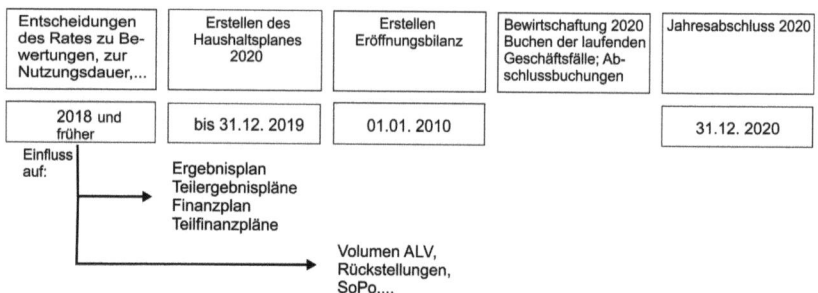

Abb. 1: Zeitliche Abhängigkeit der Haushaltsplanung

In den der Haushaltsplanung vorangegangenen Ratssitzungen wurden Sachverhalte der Doppik beraten und entschieden. Das waren u. a.: Entscheidungen zum Projekt Doppik, zur ausgewählten Software, zur externen Unterstützung durch Beratungsgesellschaften. Es wurden aber auch Entscheidungen getroffen, die Auswirkungen auf die der Eröffnungsbilanz folgenden Haushaltsjahre haben, u. a. Festlegung der Nutzungsdauer (Erfahrungswerte), Wertansätze bei Herstellungskosten; Abschreibungsmethoden,.... Für die Erstellung der Haushaltspläne nachfolgender Verwaltungsjahre haben diese Entscheidungen einen nicht unwesentlichen Einfluss. So wirkt das in der Eröffnungsbilanz ausgewiesene Volumen des abnutzbaren Anlagevermögens über die Abschreibungen auf die Ergebnispläne des jeweiligen Verwaltungsjahres sowie die entsprechenden Teilergebnispläne, aber auch auf die Ergebnispläne folgender Haushaltsjahre.

__Praxistipp:__

Schauen Sie sich Ihre Sitzungsprotokolle an, die Entscheidungen zur Einführung der Doppik protokollieren. So haben Sie einen Überblick über Ratsentscheidungen und deren Inhalte. Das könnten u. a. sein: Beschluss zur Aufstellung der Eröffnungsbilanz, Entscheidung zum Ansatz der Nutzungsdauer bei abnutzbarem Anlagevermögen, Wertansatz bei aktivierten Eigenleistungen...

Nun sind aber in einigen Kommunen/Kreisverwaltungen noch nicht alle Vermögensgegenstände inventarisiert, so dass der Ergebnishaushalt nur bedingt eine Aussage über das richtige Plan-Ergebnis geben kann. Auch bei den Rückstellungen sind in noch nicht allen Haushaltsplänen die als Aufwand zu buchenden Einstellungen dargestellt. Was an dieser Stelle aufgezeigt werden soll, ist das: Die sowieso mit Unsicherheiten behafteten Planzahlen, werden durch das Fehlen wichtiger Aufwandsgrößen in ihrer Wahrscheinlichkeit noch unsicherer. Das, was bereits im ersten Teil zu dieser Thematik aufgezeigt wurde, bestätigt sich an dieser Stelle. Die geplanten Vorlaufzeiten für die Einführung der Doppik waren häufig zu gering bemessen. Es kann sich für folgende Haushaltsjahre nur positiv auswirken, wenn die Abfolge der Tätigkeiten bei der Haushaltsplanung, der Bewirtschaftung und des Jahresabschlusses zeitlich dichter zusammenrücken.

Bundesweit haben sich die als Vorteile der Doppik gegenüber der Kameralistik ausgewiesenen Sachverhalte bestätigt. Die Universität Hamburg hat eine Studie erstellt, deren Ergebnisse in zwei Richtungen interpretiert werden können. Die erste Betrachtungsweise schildert die Umfrageergebnisse aus der Sicht der Kämmerer, der zweite Aspekt zeigt die Einstellung der Politiker zur Doppik.[34]

Beide Studien im Vergleich: Die Rücklaufquoten (interessant für die Sicherheit der gemachten Aussagen) betrugen 42 % (Kämmerer) und 30,4 % (Politiker). Den Stand der Umstellung (Grundlage waren die Frage nach vorliegenden Dokumenten) ist bei den Politikern weiter fortgeschritten als bei der Kämmererbefragung. Das kann der Tatsache geschuldet sein, dass die Politikerbefragung zwei Monate später stattfand; jedoch die Abweichung bei den vorliegenden Konzernabschlüssen ist nicht erklärbar (1,9 % Kämmerer; 22,4 % Politiker). Von beiden Gruppen werden die Generationengerechtigkeit, Transparenz und Relevanz als positives Ergebnis der Einführung der Doppik benannt. Die Politiker beurteilen die Verbesserung der Effizienz/Wirtschaftlichkeit und Effektivität höher als die Kämmerer. Bei den Steuerungsmöglichkeiten sehen die Politiker mehr Möglichkeiten durch die Doppik. Ähnlich wird die Nutzung der Ergebnisse der Doppik zu Leistungsvergleichen eingeschätzt. Beide Gruppen sehen im doppischen Haushaltssystem das geeignetere Instrument des kommunalen Finanzmanagements. Die Frage nach der Wirtschaftlichkeit der Einführung der Doppik wurde von beiden Gruppen dahingehend beantwortet, dass der hohe Aufwand bei der Einführung der Doppik zukünftig durch einen höheren Nutzen kompensiert werden muss. Insgesamt wird die Einführung als positiv bewertet, wobei die Mandatsträger die Vorteilhaftigkeit der Doppik etwas stärker in den Vordergrund gerückt haben als die Kämmerer.

Die Umstellung der kommunalen Haushalte auf die doppelte Buchführung in Baden-Württemberg kommt nicht voran. Lediglich 15 Prozent der Kommunen im Ländle hätten den Wechsel von der Kameralistik zur Doppik inzwischen erfolgreich gemeistert, sagte Markus Günther, Vizepräsident der Gemeindeprüfanstalt (GPA), der Schwäbischen Zeitung. Er glaube nicht, dass alle Kommunen es noch rechtzeitig bis zum Fristende am 1. Januar 2020 schaffen werden, auf die Doppik umzustellen. Dazu sei der zeitliche Aufwand viel zu groß. Mit zwei bis drei Jahren sollte eine Kommune rechnen, so der GPA-Vizepräsident.

Nach Günthers Angaben haben alle neun Stadtkreise im Land bereits das neue kommunale Haushalts- und Rechnungswesen eingeführt, von den 35 Landkreisen fehlten noch etwa sechs. Bei 85 Prozent der Städte und Gemeinden komme die Umstellung jedoch nicht voran. Die Folge: Die betroffenen Kommunen könnten keinen rechtssicheren Haushalt aufstellen und müssten sich ihre Investitionen von der Rechtsaufsicht genehmigen lassen. „Jetzt wird es langsam eng", warnt Günther.[35]

2. Allgemeine Grundlagen

2.1 Haushalts- und Deckungsgrundsätze

Für die Gestaltung der Haushaltsordnungen auf Bundesebene und Landesebene ist das Haushaltsgrundsätzegesetz maßgeblich. Es wurde 2010 novelliert und beinhaltet seitdem auch Bestimmungen zur Haushaltsaufstellung unter den Bedingungen der Doppik. Hier werden u. a. auch Regelungen zur Buchführung selbst (Grundsätze ordnungsgemäßer Buchführung/Bilanzierung) sowie zu weiteren Vorschriften des HGB fixiert. Mit den Planungsgrundsätzen und Deckungsregelungen wird das Ziel verfolgt, den Adressaten des Haushaltsplanes ein vollständiges und übersichtliches Bild über die Erträge und Aufwendungen sowie die finanzielle Lage der Kommune bereitzustellen. Der Haushaltsplan enthält die vollzugsfähigen Voranschläge für Erträge und Aufwendungen sowie Einzahlungen und Auszahlungen.

Grundsatz	Bemerkungen
Grundsatz der Gesamtdeckung	Die Erträge des Ergebnishaushaltes dienen der Deckung der Aufwendungen des Ergebnishaushaltes. Gleiches gilt für die Einzahlungen/ Auszahlungen im Finanzhaushalt. Gesondert geregelt ist in § 20 die Deckungs- fähigkeit (s. u.).
Vollständigkeit und Einheit	Der Haushaltsplan muss alle für die Erfüllung der Aufgaben voraussichtlich anfallenden Erträge und Aufwendungen sowie Einzahlungen und Auszahlungen und die Verpflichtungsermächtigungen enthalten.
Haushaltsklarheit und Wahrheit	Die Ansätze sind sorgfältig zu schätzen, soweit sie nicht berechenbar sind.
Zeitliche Bindung	Grundsatz: Haushaltssatzung wird für jedes Haushaltsjahr erlassen, kann aber auch für zwei Jahre, getrennt nach Jahren, erlassen werden.
Bruttoprinzip	Erträge, Aufwendungen, Einzahlungen und Auszahlungen sind getrennt voneinander auszuweisen. Es Besteht ein Saldierungsverbot.
Einzelveranschlagung	Die Erträge, Aufwendungen, Einzahlungen und Auszahlungen sind nach ihrer sachlichen Zugehörigkeit und nach Arten in den betreffenden Teilhaushalten und der Zuordnung zu Konten zu veranschlagen.
Periodengerechte Abgrenzung	Erfolgen Auszahlungen/Einzahlungen für Aufwendungen bzw. Erträge vor dem Bilanzstichtag für Aufwendungen/Erträge nach dem Bilanzstichtag, so müssen diese Sachverhalte zeitlich abgegrenzt werden. Analoges gilt für Aufwendungen/Erträge vor dem Bilanzstichtag für die erst nach dem Bilanzstichtag Zahlungen erfolgen.

Abb. 2: Haushaltsgrundsätze[36]

Deckungsfähigkeit[37]

Die Deckungsfähigkeit ist eine Ausnahme vom Grundsatz der sachlichen Bindung (sowohl in der Kameralistik als auch in der Doppik). Sie stellt eine Verschiebung von Haushaltsmitteln (Aufwendungen, Auszahlungen und Verpflichtungsermächtigungen) zwischen verschiedenen Haushaltspositionen dar. Damit kann eine flexible Haushaltsführung gesichert werden.

Unter dem Begriff der Deckungsfähigkeit sind die folgenden Möglichkeiten enthalten:

Die gegenseitige Deckungsfähigkeit:

In der Praxis bedeutet das, werden Haushaltsmittel an einer Stelle mehr verbraucht, dürfen an einer anderen (deckungsfähigen) Stelle, weniger Aufwendungen verbraucht werden. In der Regel gelten die zu einem Budget gehörenden Haushaltspositionen als gegenseitig deckungsfähig. Zusätzlich besteht die Möglichkeit, auch Haushaltspositionen, die nicht zu einem Budget gehören, mittels eines entsprechenden Haushaltsvermerks für gegenseitig deckungsfähig zu erklären.

Die einseitige Deckungsfähigkeit: Hier ist lediglich die Verschiebung von Haushaltsmitteln in eine Richtung möglich. Das bedeutet: Haushaltsmittel, die an einer Deckung verpflichteten Haushaltsposition eingespart werden, dürfen hin zu einer deckungsberechtigten Haushaltsposition (empfangene Haushaltsposition) verschoben werden. Eine Verschiebung in die andere Richtung ist nicht möglich. Im Rahmen der Haushaltsplanung können Haushaltspositionen mittels eines Haushaltsvermerks für einseitig deckungsfähig erklärt werden.

Die unechte Deckungsfähigkeit: Unter diesem Begriff ist der Umstand bezeichnet, der Erträge/Einzahlungen, die höher ausfallen als im Haushaltsplan veranschlagt, von der Verwaltung dazu verwendet werden können, in bestimmten anderen Bereichen entsprechend höhere Aufwendungen/Auszahlungen zu tätigen.

2.2   Haushaltssatzung

Im § 79 der GO ist festgelegt, dass die Gemeinde für jedes Haushaltsjahr eine Haushaltssatzung[38] zu erlassen hat. Die Haushaltssatzung kann für zwei Haushaltsjahre, getrennt nach Jahren, erlassen werden. Der Inhalt (§ 79 GO, Absatz 2) der Haushaltssatzung ist als Muster dargestellt.

	Begriffe	Erläuterungen
1.	Ergebnishaushalt	
a)	Ordentliche Erträge	Der Begriff "ordentlich" bezieht sich auf Erträge aus der eigentlichen Verwaltungs- tätigkeit. Das sind: Steuern und ähnliche Abgaben, Gebühren (siehe auch unten).
	Ordentliche Aufwendungen	Personalaufwendungen, Sachaufwendungen,...
	Veranschlagtes ordentliches Ergebnis	Diese Position stellt den Saldo aus ordentlichen Erträgen und ordentlichen Aufwendungen dar.
b)	Außerordentliche Erträge	Außerordentliche Erträge und Aufwendungen stehen nicht im Zusammenhang mit der eigentlichen Verwaltungs- tätigkeit.
	Außerordentliche Aufwendungen	
	Veranschlagtes Sonderergebnis	
c)	Veranschlagtes Gesamtergebnis	Dieses Ergebnis ist der Saldo aus dem ordentlichen Ergebnis und veranschlagten Sonderergebnis.
2.	Finanzhaushalt	
a)	Saldo aus Einzahlun- gen und Auszahlun- gen der Verwaltungstätigkeit	Einzahlungen und Auszahl- ungen, die im unmittelbaren Zusammenhang mit der Verwaltungstätigkeit stehen.

b)	Saldo aus den Einzahlungen und Auszahlungen aus der Investitionstätigkeit	Zum Beispiel: Einzahlungen aus der Reinvestition von Sachanlagen, Auszahlungen für vorgesehene Investitionen.
c)	Saldo aus a) und b): Finanzierungsmittelüberschuss oder -Fehlbetrag.	
d)	Einzahlungen und Auszahlungen aus Finanzierungstätigkeit und deren Saldo	Aufnahme und Tilgung von Fremdkapital (in der Regel langfristige Verbindlichkeiten).
e)	aus den Salden nach Buchstaben c und d als Saldo des Finanzhaushalts,	
3.	des Gesamtbetrags	
a)	der vorgesehenen Kreditaufnahmen für Investitionen und Investitionsförderungsmaßnahmen (Kreditermächtigung) und	
b)	der vorgesehenen Ermächtigungen zum Eingehen von Verpflichtungen, die künftige Haushaltsjahre mit Auszahlungen für Investitionen und Investitionsförderungsmaßnahmen belasten (Verpflichtungsermächtigungen),	
4.	des Höchstbetrags der Kassenkredite und	
5.	der Steuersätze für die Grundsteuer und die Gewerbesteuer, soweit diese nicht in einer gesonderten Satzung festgesetzt werden.	

Abb. 3: Inhalt der Haushaltssatzung, verbindliches Muster

Planaufstellungsverfahren:

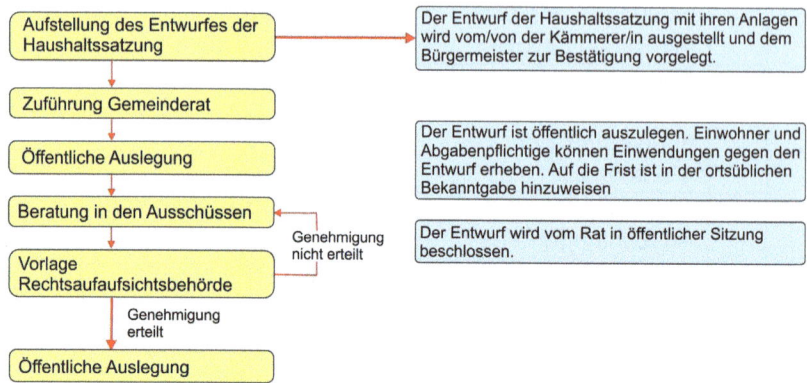

Abb. 4: Ablauf der Erstellung der Haushaltssatzung

Vorbericht

Der Vorbericht dient insbesondere der Information der Mitglieder des Rates sowie der Aufsichtsbehörden. Er gibt einen Überblick über die Entwicklung und den Stand der Haushaltswirtschaft unter dem Gesichtspunkt der stetigen Aufgabenerfüllung der Gemeinde.

*   Er soll eine bewertende Analyse der Haushaltslage und deren voraussichtlicher Entwicklung enthalten. Im § 6 GemHVO ist die Gliederung festgeschrieben. Der Vorbericht soll auf wesentliche Ziele und Strategien (s. a. Teil A: Grundlagen)[39] sowie deren Änderungen ausgerichtet sein.

    Das können finanzwirtschaftliche Ziele sein (Schuldenabbau, Investitionsquote Zahlungsmittelsaldo,…). Er kann sich aber auch auf einzelne Schlüsselprodukte (Auslastungsgrad/Kostendeckungsgrad bei öffentlichen Einrichtungen) beziehen oder kommunalpolitische Ziele darstellen (Gewerbeflächen, Images).

*   Er soll weiterhin die Entwicklung von wichtigen Erträgen, Aufwendungen, Einzahlungen und Auszahlungen, des Vermögens, der Verbindlichkeiten dargestellt werden.

- Darstellung der Entwicklung des Gesamtergebnisses unter Berücksichtigung der Deckung von Fehlbeträgen aus Vorjahren und Darstellung der Entwicklung der Rücklagen. Die Entwicklung des Gesamtergebnisses ist darzustellen und unter Umständen zu kommentieren.

- Darstellung der erheblichen Investitionsmaßnahmen und Investitionsförderungsmaßnahmen, die im Haushaltsjahr geplant sind. Auch die Auswirkungen auf die Haushalte der Folgejahre aus den Investitionsmaßnahmen sind auf zu zeigen (Abschreibungen).

- Ausweis der Eigenmittel für Investitionen.

- Entwicklung des Zahlungsmittelüberschusses/-bedarfes aus laufender Verwaltungstätigkeit, des veranschlagten Finanzierungsmittelüberschusses/-bedarfes und des Bestandes an liquiden Mitteln.

3. Gesamthaushalt

3.1   Ergebnishaushalt

Erträge und Aufwendungen[40]

		ordentliche Erträge
		ordentliche Erträge
1.		Steuern und ähnliche Abgaben
2.	+	Zuweisungen und Zuwendungen, Umlagen sowie aufgelöste Investitionszuwendungen und Beiträge
3.	+	sonstige Transfererträge
4.	+	öffentlich-rechtliche Entgelte
5.	+	privatrechtliche Leistungsentgelte
6.	+	Kostenerstattungen und Kostenumlagen
7.	+	Zinsen und ähnliche Erträge
8.	+	aktivierte Eigenleistungen, + Bestandserhöhungen Unfertige/Fertige Erzeugnisse (UE/FE)
9.	+	sonstige ordentliche Erträge
10.	=	Summe der ordentlichen Erträge
		ordentliche Aufwendungen
11.		Personalaufwendungen
12.	+	Versorgungsaufwendungen
13.	+	Aufwendungen für Sach- und Dienstleistungen
14.	+	planmäßige Abschreibungen
15.	+	Zinsen und sonstige Aufwendungen
16.	+	Transferaufwendungen
17.	+	sonstige ordentliche Aufwendungen (auch Bestandsminderungen UE/FE)
18.	=	Summe der ordentlichen Aufwendungen
19.		ordentliches Ergebnis (Saldo aus Position 10 und 18)

20.		Deckung von Fehlbeträgen aus Vorjahren nach § 80 Abs. 2 Satz 2 GemO, soweit das ordentliche Ergebnis nach Nummer 19 einen entsprechenden Überschuss ausweist
21.		veranschlagtes ordentliches Ergebnis (Saldo aus 19 und 20)
		außerordentliche Erträge und Aufwendungen
22.		außerordentliche Erträge
23.		außerordentliche Aufwendungen
24.		veranschlagtes Sonderergebnis (Saldo aus 22 und 23)
25.		veranschlagtes Gesamtergebnisses (Überschuss/Fehlbetrag; Saldo aus 21 und 24)
26.		Zuführung zur Rücklage aus Überschüssen des ordentlichen Ergebnisses
27.		Zuführung zur Rücklage aus Überschüssen des Sonderergebnisses
28.		Entnahme aus der Rücklage aus Überschüssen des ordentlichen Ergebnisses
29.		Verwendung des Überschusses des Sonderergebnisses (Nummer 24) sowie die Entnahme aus der Rücklage aus Überschüssen des Sonderergebnisses
30.		Fehlbetragsvortrag auf das ordentliche Ergebnis folgender Haushaltsjahre
31.		Minderung des Basiskapitals nach § 25 Abs. 3
32.		Entnahme aus der Rücklage aus Überschüssen des Sonderergebnisses (§ 25 Abs. 4 Satz 1)
33.		Minderung des Basiskapitals (§ 25 Abs. 4 Satz 2)

Abb. 5: Ergebnisplan § 2 GemHVO Doppik

3.1.1   Wichtige ausgewählter Ertragspositionen

(Hinweis: Die Ziffern und Buchstaben vor der jeweiligen Position beziehen sich auf § 2 GemHVO Doppik.)[41]

1 Steuern und ähnliche Abgaben

Unter dieser Position werden sowohl die Erträge aus den Gemeindesteuern (Grund- und Gewerbesteuer), als auch die Einnahmen an den Gemeinschaftssteuern geplant (Gemeindeanteil an der Einkommen- und Umsatzsteuer). Auch die Bagatellsteuern (Hundesteuer, Vergnügungssteuer) fallen ebenso unter diese Position, wie steuerähnliche Erträge (Fremdenverkehrsabgaben, Abgaben von Spielbanken,...).

Praxistipp:

Bei der Veranschlagung von Erträgen ist durch die Kommunen der Grundsatz der Periodengerechtigkeit einzuhalten. Das bedeutet, dass Steuererträge des laufenden Jahres mit der Erstellung des Veranlagungsbescheides entstehen. Bezieht sich der Steuerbescheid auf eine Steuerforderung früherer Haushaltsjahre (z. B. bei der Nachveranlagung von Grundsteuern bei Feststellung des Einheitswertes), so ist zu prüfen, inwieweit die Aufstellung des Jahresabschlusses abgeschlossen ist oder noch nicht. Wird ein Steuerbescheid im laufenden Haushaltsjahr erlassen, der eine Steuerschuld des folgenden Haushaltsjahres betrifft, so ist ein passiver Rechnungsabgrenzungsposten zu bilden (Grundsatz der Periodengerechtigkeit).

2 Zuweisungen und Zuwendungen, Umlagen aufgelöste Investitionszuwendungen und -beiträge

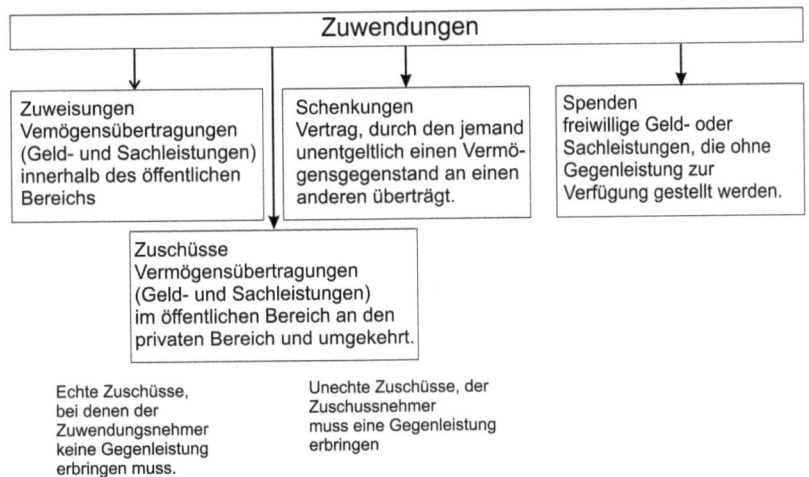

Abb. 6: Zuwendungen in der Öffentlichen Verwaltung (eigene Darstellung)

Grundsätzliches aus der kommunalen Zuwendungspraxis

Bilanzierung auf der Passivseite

Im kommunalen Bereich sind erhaltene Zuwendungen grundsätzlich nichtrückzahlbare Zahlungen oder nichtrückgabepflichtige Sachleistungen. Der Zuwendungsgeber möchte mit der Bewilligung der Zuwendung ein zweckbestimmtes Verhalten des Zuwendungsnehmers erreichen. Deshalb knüpft der Zuwendungsgeber in der Regel eine Gegenleistungsverpflichtung an die Zuwendung. Die Erfüllung der Gegenleistungsverpflichtung kann Voraussetzung für die Bewilligung der Zuwendung sein. Dabei kann sich die Pflicht zur Erfüllung der Gegenleistungsverpflichtung über einen gewissen Zeitraum erstrecken. Im Falle der Nichterfüllung der Gegenleistungsverpflichtung durch den Zuwendungsnehmer ergibt sich für den Zuwendungsgeber in den meisten Fällen ein einklagbarer Rückzahlungs- bzw. Rückgabeanspruch.

Erhaltene Zuwendungen für die Anschaffung oder Herstellung von Vermögensgegenständen des Anlagevermögens sind als Sonderposten auf der Passivseite auszuweisen. Die Auflösung der Sonderposten erfolgt ertragswirksam zeitkongruent mit der Abschreibung des bezuschussten Vermögensgegenstands. Können Zuwendungen nicht zugeordnet werden, sind sie in einen gesonderten Posten einzustellen und der Auflösung dieses Sonderpostens ist ein sachgerechter, gemeindebezogen ermittelter Prozentsatz zugrunde zu legen.

Bilanzierung auf der Aktivseite

Von der Gemeinde mit einer mehrjährigen Zweckbindung oder einer vereinbarten Gegenleistungsverpflichtung geleistete Zuwendung für die Anschaffung oder Herstellung von Vermögensgegenständen werden auf der Aktivseite als "2.2 Sonderposten für geleistete Investitionszuschüsse" ausgewiesen.[42]

Zuwendungen in Baden-Württemberg[43]

In Baden-Württemberg heißt die Position Zuwendungen und allgemeine Umlagen nach Arten. Im Kommunalen Kontenrahmen für Baden-Württemberg sind Zuwendungen und allgemeine Umlagen in der Kontengruppe 61 abgebildet:

61   Zuwendungen und allgemeine Umlagen
611 Schlüsselzuweisungen vom Land (Allgemeine und investive Schlüsselzuweisungen erhalten die Gemeinden zur Stärkung ihrer mangelnden Steuerkraft. Diese werden über einen pauschalen Schlüssel verteilt).
612 Bedarfszuweisungen (Bedarfszuweisungen können zum Ausgleich von außergewöhnlichen Finanzbedarf gewährt werden, insbesondere im Zusammenhang mit der Deckung von Fehlbeträgen oder für außergewöhnliche Belastungen, die sich aus dem Finanzausgleich selbst, aus der demographischen Entwicklung oder aufgrund von freiwilligen Maßnahmen der Gebietsneugliederung ergeben. Die Veranschlagung ist nur dann möglich, wenn ein Bewilligungsbescheid vorliegt.)

613   Sonstige allgemeine Zuweisungen

614   Zuweisungen und Zuschüsse für laufende Zwecke

Praxisbeispiel:

Die Kommune erhält Januar des Jahres der Doppikumstellung (01) vom Land eine Zuweisung für den Bau einer Freizeitanlage. Die Anlage verursacht Anschaffungskosten in Höhe von 2 Mio. €. Der Zuschuss beträgt 60% (1,2 Mio. €). Die Anlage wird im Juni 01 aktiviert. Sie soll über einen Zeitraum von 20 Jahren linear abgeschrieben werden. Für die Kommune bedeutet das: Aktivierung Juni 01: Das Sachanlagevermögen steigt um den Betrag von 2 Mio. €, gleichzeitig muss auf der Passivseite der Bilanz ein Sonderposten in Höhe der Zuweisung (hier: 1,2 Mio. €) gebildet werden.

31.12. 01: Die Anlage wird abgeschrieben, anteilig für das Jahr 01, 50.000 €, die Abschreibungen verringern als Aufwand das Jahresergebnis. Gleichzeitig muss aber der Sonderposten anteilig aufgelöst werden, in diesem Fall: 30.000 €. Der Abschreibungsaufwand und der Ertrag aus der Auflösung des Sonderpostens werden in der Erfolgsrechnung gegenübergestellt. Aus diesem geschilderten Sachverhalt resultiert, dass die Kommune ihr Gesamtergebnis um 20.000 € verschlechtert (Ertrag 30.000 € minus Abschreibungen 50.000 €).

Soll	Erfolgskonto 01		Haben
...		...	
Abschreibungen	50.000	Erträge aus der Auflösung Sopo	30.000
...		...	

3 Sonstige Transfererträge

Transfererträge sind Erträge von Dritten an die Kommune, die nicht auf einem Leistungsaustausch beruhen. Es sind somit Übertragungen von Finanzmitteln ohne eine konkrete Leistung.

Bei Transfererträgen zum Ersatz von sozialen Leistungen außerhalb von Einrichtungen und dem Ersatz von sozialen Leistungen in

Einrichtungen handelt es sich im Wesentlichen um Erstattungen von Transferaufwendungen.

4 Öffentlich-rechtliche Leistungsentgelte

Zu den öffentlich-rechtlichen Leistungsentgelten zählen insbesondere Gebühren und Beiträge bzw. Erträge aus der Auflösung von Gebühren- und Beitragssonderposten.

Gebühren sind Geldleistungen für die Inanspruchnahme einer besonderen Leistung der Verwaltung (Verwaltungsgebühren) oder für die Benutzung einer öffentlichen Einrichtung (Benutzungsgebühren). Die Erhebung der Benutzungsgebühren ist in den Bundesländern in den entsprechenden kommunalen Gesetzen (Kommunalabgabengesetz Baden-Württemberg) geregelt. Benutzungsgebühren sollen nach dem Kostendeckungsgebot die voraussichtlichen Kosten der Einrichtung decken. Kostenüberdeckungen sind dabei innerhalb der nächsten drei Jahre auszugleichen. Diese Kostenüberdeckungen sind im neuen kommunalen Rechnungswesen in einen **Sonderposten für Gebührenausgleich** einzustellen. Die sich aus der Auflösung dieser Sonderposten ergebenden Beträge sind als Erträge aus öffentlich-rechtlichen Leistungsentgelten zu berücksichtigen. Als Beiträge gelten Geldleistungen, die dem Ersatz des Aufwands für die Herstellung, Anschaffung und Erweiterung öffentlicher Einrichtungen oder Anlagen, bei Straßen, Wegen und Plätzen auch für ihre Verbesserung, jedoch ohne laufende Unterhaltung und Instandsetzung, dienen. Da Beiträge zur Finanzierung von Investitionsmaßnahmen geleistet werden, sind in diesem Posten nur die Beiträge zu berücksichtigen, die sich aus der zeitanteiligen Auflösung des Sonderpostens für Beiträge ergebniswirksam niederschlagen.

Praxisbeispiel:

Verwaltungsgebühren, Straßenreinigungsgebühren, Abfallbeseiti-gungsgebühren, Kanalanschlussbeiträge, Erschließungsbeiträge, Erträge aus der Auflösung von Sonderposten für Beiträge, Erträge aus der Auflösung von Sonderposten für Gebührenausgleich.

5 Privatrechtliche Leistungsentgelte, Kostenerstattungen und Kostenumlagen

Im Gegensatz zu den öffentlich-rechtlichen Leistungsentgelten handelt es sich bei den privatrechtlichen um jene, die auf Rechtsgeschäfte zurückzuführen sind, die nach zivilrechtlichen Bestimmungen abgeschlossen werden.

Wesentliches Merkmal für das Vorliegen eines privatrechtlichen Vertrags ist, dass die Vertragsparteien auf derselben juristischen Stufe agieren. Die Kommune verlässt somit den hoheitlichen Bereich.

Praxistipp zur Prüfung des Vorliegens eines privatrechtlichen Vertrags:

Hat die Vertragspartei einen konkreten Leistungsanspruch gegen die Kommune?

Beruht der Leistungsanspruch auf einem privatrechtlichen Vertragsverhältnis?

Ist das vertragliche Leistungsverhältnis zwischen den Parteien frei verhandelbar?

Stellt das Leistungsentgelt einen Haupterlös dar?

Praxisbeispiel:

Erträge aus dem Verkauf von Waren,

Erträge aus Vermietungs- und Verpachtungsgeschäften,

Verkauf von Rohstoffen, Waren und dergleichen,

Erträge aus Vermietung und Verpachtung,

Verkauf von Karten, Stadtplänen und Souvenirs, Eintritt in Museen, Schwimmbäder,...

6 Kostenerstattungen und Kostenumlagen

Diese vom öffentlichen Sektor erhaltenen Erträge beziehen sich immer auf eine Leistung der Gemeinde, für die eine andere Stelle vollständig oder anteilig die Kosten erstattet. Sie stellen demnach den Ersatz von Aufwendungen dar, die der Kommune entstanden sind, weil sie im Auftrag von Dritten gehandelt hat.

Praxisbeispiel:

Erstattung von Sozialhilfe eines übergeordneten Trägers, Erstattung des Arbeitsamtes. In dieser Position können in den Teilergebnisplänen auch Erträge aus internen Beziehungen ausgewiesen werden. Das sind Dienstleistungen einer Verwaltungseinheit für eine andere Verwaltungseinheit.

Praxisbeispiel:

Das Vermessungs- und Katasteramt erbringt Vermessungsleistungen für die durch das Tiefbauamt auszuführenden Straßenbauarbeiten. Bei produktorientierter Gliederung des Haushalts sind die Erträge den entsprechenden Produktbereichen zuzurechnen, bei einer organisatorischen Gliederung der jeweiligen Organisationseinheit.

7 Finanzerträge[44]

Wie bereits im Grundlagenwissen ausgewiesen, können Finanzanlagen ein Risiko für die Kommune darstellen. Die landesrechtlichen Bestimmungen legen fest: Finanzanlagen sind nicht abnutzbares Anlagevermögen, unterliegen also keinem Werteverlust. Die Ausnahme von dieser Regel tritt dann in Kraft, wenn der Wert der Finanzanlagen auf Dauer gemindert ist. Hier findet eine außerplanmäßige Abschreibung statt, deren Höhe insgesamt auf eine Verschlechterung des Gesamtergebnisses wirkt.

8 Aktivierte Eigenleistungen und Bestandsveränderungen

Aktivierte Eigenleistungen[45] stellen den Ressourcenverbrauch dar, der bei der Erstellung von Anlagegegenständen durch die Kommune entsteht. Hier sieht die GemHVO ein Wahlrecht vor: Ansatz der höchstmöglichen Herstellungskosten oder den Ansatz der Mindest-Herstellungskosten. Im Teil A ist dazu ein Beispiel aufgezeigt, je nach Ausübung des Wahlrechtes wird das Gesamtergebnis der Kommune beeinflusst.

Praxisbeispiele:

Eine durch die Kommune selbst errichtete Feuerwache,
eine durch die Kommune selbst erstellte Fertigungsvorrichtung,
eine durch die Kommune selbst erstellte Kindertagesstätte,
eine durch die Kommune selbst errichtete Lagerhalle.

9 sonstige ordentliche Erträge

Diese Position stellt einen Sammelposten dar, hier werden unter anderem Bußgelder, Säumniszuschläge, Konzessionsabgaben sowie alle weiteren Erträge verbucht, die sich den Positionen 1 – 8 nicht zuordnen lassen.

22 Außerordentliche Erträge

Während ordentliche Erträge durch "das gewöhnliche" Verwaltungshandeln entstehen, entstehen a.o. Erträge durch nicht voraussehbare (außerordentliche) Ereignisse. Das sind Ereignisse, die zeitlich nicht oder nicht regelmäßig wiederkehren oder sachlich außerhalb der gewöhnlichen Geschäftstätigkeit entstehen und betragsmäßig wesentlich sind (§ 277 Abs. 4 HGB).

Praxisbeispiel:

Gewinne aus dem Verkauf von Vermögensgegenständen des Anlagevermögens, Verkauf von Beteiligungen, außergewöhnliche Schadenersatzleistungen an die Kommune, Spenden,...

Außerordentliche Erträge und Aufwendungen können, müssen jedoch nicht, zugleich periodenfremd sein. Das HGB rechnet vielmehr auch mit **periodenfremden** Erträgen und Aufwendungen, die nicht zugleich außerordentlicher Natur sind (§ 277 Abs. 4 S. 3 HGB). Im Rahmen der Ergebnisrechnung beeinflussen die außerordentlichen Erträge zwar das Jahresergebnis, nicht aber das ordentliche Verwaltungsergebnis.

Im Rahmen des Haushaltsausgleichs gilt in Baden-Württemberg uneingeschränkt das Gesamtdeckungsprinzip. Außerordentliche Erträge dienen, wie die ordentlichen Erträge insgesamt zur Deckung von Aufwendungen.

Praxisbeispiel:

Die Kommune verkauft seine Beteiligung an den Stadtwerken für 1 Million€. Der Buchwert der Beteiligung (Bilanzposition Finanzanlagen) beträgt 250.000 €. Somit erzielt die Kommune einen außerordentlichen Ertrag in Höhe von 750.000 €. Dieser Betrag kann im Sinne des Gesamtdeckungsprinzips Verwendung finden.

3.1.2 Erläuterung wichtiger Aufwandspositionen

(Außer Abschreibungen und Rückstellungsaufwand - siehe dort)

11 Personalaufwendungen

Unter Personalaufwendungen sind alle auf Arbeitgeberseite anfallenden Aufwendungen im Zusammenhang mit aktiv Beschäftigten der Kommune zu verstehen. Dazu gehören in erster Linie die Bruttobeträge der Beschäftigungsentgelte und die Bezüge der Beamten einschließlich des Urlaubs- und Weihnachtsgeldes sowie alle Sachbezüge, die als geldwerte Vorteile zu versteuern sind. Weiterhin sind Aufwendungen wie Beihilfen und Beiträge zur Sozialversicherung und Berufsgenossenschaft zu berücksichtigen.

Lohn- und Kirchensteuer sowie den Solidaritätsbeitrag und die Arbeitnehmeranteile zur Sozialversicherung (Renten-, Arbeitslosen-, Pflege- und Krankenversicherung) schuldet steuer- und abgabenrechtlich der Arbeitnehmer. Der Arbeitgeber übernimmt lediglich deren Abführung an das Finanzamt und an die Sozialversicherungsträger. Deshalb zählen diese Abgaben im Sinne des HGB zu den Löhnen und Gehältern.

Praxisbeispiel (stark vereinfacht):

Eine Kommune rechnet monatlich die Personalkosten ihrer Angestellten ab.

Der Gesamtbetrag von 249.600 € setzt sich zusammen aus:

Nettogehälter	*160.000 €*
Arbeitnehmer-Anteil Sozialversicherung:	*32.000 €*
Arbeitgeber-Anteil Sozialversicherung:	*32.000 €*
Lohn-, Kirchensteuer, Solidaritätszuschlag:	*25.600 €*

In der Ergebnisplanung sind 249.600 € Personalkosten zu veranschlagen.

13 Aufwendungen für Sach- und Dienstleistungen

Aufwendungen für Sach- und Dienstleistungen sind alle von Dritten empfangene Leistungen, die der kommunalen Aufgabenerfüllung dienen und die der Verwaltungstätigkeit der Kommune zuzurechnen sind.

Praxisbeispiel:

Mieten und Pachten, Leasingraten, Haltung von Fahrzeugen, Schülerbeförderung, Verbrauch von Vorräten,...

15 Zinsen und Finanzaufwendungen

Unter dieser Position sind die Aufwendungen für die im Haushaltsjahr geplanten Kredite (auch Kassenkredite) zu veranschlagen. Dazu gehören aber auch die Beschaffungskosten sowie Zinsen für zurückzuerstattende Zuwendungen. Ein für einen Kredit berechnetes Disagio (Differenz zwischen Darlehenssumme und Auszahlungsbetrag für das Darlehen) gehört gleichfalls zu den zinsähnlichen Aufwendungen.

16 Transferaufwendungen

Unter Transferleistungen im Bereich der öffentlichen Verwaltung werden Zahlungen verstanden, denen keine konkreten Gegenleistungen gegenüberstehen. Sie beruhen auf einseitigen Verwaltungsvorfällen und nicht auf einem Leistungsaustausch. Transferleistungen werden im

Rahmen des Finanzwesens sowohl als Transfererträge (s. o.) als auch als Transferaufwendungen erfasst.

Praxisbeispiel:

Auszahlungen von Sozialtransferleistungen (Leistungen von Sozialhilfen an natürliche Personen in und außerhalb von Einrichtungen, Leistungen an Kriegsopfer und ähnliche Anspruchsberechtigte, Leistungen der Jugendhilfe in und außerhalb von Einrichtungen...),

Allgemeine Umlagen,

Schuldendiensthilfen,

Zuweisungen und Zuschüsse für laufende Zwecke.

17 Sonstige ordentliche Aufwendungen

Hierbei handelt es sich um einen „Sammelposten", dem der Aufwand der gewöhnlichen Verwaltungstätigkeit zuzuordnen ist, der keinem anderen Posten zugeordnet werden kann.

Praxisbeispiel:

Auszahlungen für ehrenamtliche und sonstige Tätigkeit, Leiharbeitskräfte, Wertveränderungen bei Vermögensgegenständen, Bußgelder, Säumniszuschläge.

23 Außerordentliche Aufwendungen

Während ordentliche Aufwendungen wie z.B. Personalaufwendungen, Versorgungsaufwendungen, Aufwendungen für Sach- und Dienstleistungen,...durch Verwaltungshandeln entstehen, sind a.o. Aufwendungen durch "außerordentliche" Ereignisse verursacht (s. o.).

Praxisbeispiel:

Naturkatastrophen (Hochwasser, Sturmschäden),

Verluste aus dem Verkauf von Beteiligungen sowie Anlagevermögen,

außerplanmäßige Abschreibungen (zum Beispiel: Wertminderung durch technischen Fortschritt).

Außerordentliche Aufwendungen liegen handelsrechtlich auch dann vor, wenn der Aufwand periodenfremd ist.

Praxisbeispiel:

Im Dezember werden im Jahresabschluss einer Kommune Rückstellungen für unterlassene Instandhaltung in Höhe von 10.000 € eingestellt. Die Reparatur soll im März des Folgejahres nachgeholt werden. Nach Durchführung der Reparatur erhält die Kommune eine Rechnung über 12.000 €. Die 2000 €, die im Dezember des Vorjahres nicht als Rückstellung ausgewiesen worden sind, stellen im Folgejahr einen periodenfremden Aufwand dar.

Baden-Württemberg orientiert sich bei der Aufstellung des Ergebnisplans und der Ergebnisrechnung an der Gliederung der Gewinn- und Verlustrechnung im Handelsrecht, d.h. dass im Schema jeweils eine Zeile für die a.o. Aufwendungen und a.o. Erträge reserviert ist (§ 2 GemHVO). Die Deckung von Fehlbeträgen beim ordentlichen Ergebnis können in Baden-Württemberg auch mit dem Überschuss beim außerordentlichen Ergebnis oder aus der mit Überschüssen des a.o. Ergebnisses gebildeten Rücklage gedeckt werden.

Aufwendungen aus internen Leistungsbeziehungen[46]

Die Aufwendungen aus internen Leistungsbeziehungen bilden das Gegenstück zu den Erträgen aus internen Leistungsbeziehungen. In den Teilergebnisplänen können Aufwände ausgewiesen werden, wenn Leistungen von anderen Produktbereichen bzw. Organisationseinheiten bezogen werden.

Praxisbeispiel:

Das Vermessungsamt erbringt Leistungen für das Tiefbauamt. Über die jeweiligen Teilergebnispläne ist diese Leistung einmal als „Ertrag aus interner Leistungsverrechnung" (Vermessungsamt), und zum anderen als „Aufwand aus interner Leistungs- verrechnung" (Tiefbauamt) zu verrechnen. Hinterfragen Sie, inwieweit die Verrechnungssätze durch eine funktionierende Kosten- und Leistungsrechnung verifiziert sind.

3.1.3   Rückstellungen und Abschreibungen

a) Rückstellungen

Rückstellungen sind nach § 90 Abs. 2 GemO und § 41 GemHVO in angemessener Höhe zu bilden:

* für ungewisse Verbindlichkeiten,
* für hinsichtlich ihrer Höhe oder des Zeitpunktes ihres Eintritts unbestimmte Aufwendungen.

Handelsrechtlich besteht für ungewisse Verbindlichkeiten eine Pflicht, für Aufwandsrückstellungen nach § 249 Abs. 2 HGB hingegen ein Wahlrecht. In dem von der Kommunalen Gemeinschaftsstelle für Verwaltungs-Management (KGST) entwickelten Konzept, wurde vorgeschlagen, auch in der Doppik der öffentlichen Verwaltung beide Rückstellungsarten als verbindlich auszuweisen. Hierzu wird der Aufwand im Haushaltsjahr seiner wirtschaftlichen Verursachung im Haushaltsplan veranschlagt und im Rechnungswesen berücksichtigt, unabhängig davon, in welchen Perioden die Auszahlung aus der Verpflichtung zu leisten ist. Mit den Rückstellungen werden damit die bestehenden Verpflichtungen der Gemeinde vollständig ausgewiesen. Diese können unterschieden werden in:

* Sichere Verbindlichkeiten, bei denen Höhe oder Fälligkeit nicht genau bestimmt werden können (Pensionsrückstellungen[47], Rückstellungen für Deponiesanierung),
* unsichere Verbindlichkeiten, deren Eintritt wahrscheinlich und die Höhe auch unbekannt ist (Bürgschaften, Kosten aus Gerichtsverfahren), Rückstellungen für innere Verpflichtungen, zum Beispiel die Aufwandsrückstellungen für unterlassene Instandhaltung.

Bei der Haushaltsplanung ist es schwer vorauszusehen, welche Verpflichtungen im Haushaltsjahr entstehen, die zu einer Rückstellungsbildung führen. Für die sicheren Verbindlichkeiten liegen anerkannte Schätzverfahren vor, weshalb diese ohne Schwierigkeiten in der Haushaltsplanung berücksichtigt werden können. Die Rückstellungen aus unsicheren Verbindlichkeiten und Verpflichtungen müssen aus Erfahrungswerten gebildet werden. Für die buchhalterische Erfassung des Aufwandes von Rückstellungen sind im Kontenrahmen[48] die folgernden Konten (Auszug) vorgesehen:

Kontenart/ -nummer	Aufwand
4051	Zuführungen zu Pensionsrückstellungen für Bedienstete (für Kommunalen Versorgungsverband Baden-Württemberg)
407	Zuführungen zu Rückstellungen für Altersteilzeit und andere Maßnahmen
4151	Zuführungen zu Pensionsrückstellungen für Versorgungsempfänger (für Kommunalen Versorgungsverband Baden-Württemberg)
4211x	Rückstellungen für unterlassene Instandhaltung von Grundstücken
4211x	Rückstellungen für die Sanierung von Altlasten und für sonstige Umweltschutzmaßnahmen
4221x	Rückstellungen für Infrastruktureinrichtungen
4221x	Rückstellungen für die Rekultivierung und Nachsorge von Deponien
437xx	Rückstellungen für ungewisse Verbindlichkeiten aus Steuerkraft abhängigen Umlagen im Zusammenhang mit dem Finanzausgleich.
4431x	Rückstellungen für drohende Verpflichtungen aus anhängigen Gerichtsverfahren.
4483x	Rückstellungen für drohende Verpflichtungen aus der Inanspruchnahme aufgrund von Bürgschaften, Gewährsverträgen und ähnlichen Rechtsgeschäften.
512xx	Periodenfremde Bildung von Rückstellungen (Nachholung)

Abb. 7: Konten für die Buchung von Rückstellungen

Rückstellungen sind einerseits nichtauszahlungswirksamer Aufwand (im Jahr ihrer Bilanzierung), mindern dadurch das Jahresergebnis, und führen erst zum Zeitpunkt ihrer Auflösung zum Liquiditätsabfluss.

Aufwandsrückstellungen

Sie bilden demnach Verpflichtungen der Kommune gegen sich selbst und werden deshalb als "Innenverpflichtungen" bezeichnet.

Voraussetzungen für die Bildung von Aufwandsrückstellungen

Aufwand	Perioden-abgrenzung	Inanspruchnahme	Ungewissheit
Der Aufwand muss genau beschrieben werden können.	Der Aufwand muss dem abzuschließenden HH-Jahr zurechenbar sein.	Die Inanspruchnahme ist wahrscheinlich.	Zeitpunkt, Höhe und rechtliche Rahmenbedingungen sind ungewiss.

Abb. 8: Aufwandsrückstellungen

Praxisbeispiel:

Die Gemeinde hat im Jahr 2019 eine umfassende Instandhaltungsmaßnahme (Kostenvoranschlag: 78.000 €) für eine Lagerhalle geplant. Wenn nun die Instandhaltungsmaßnahme 2019 nicht realisiert werden kann und im März des Folgejahres durchgeführt werden soll, dann ist zum 31.12. 2019 eine Aufwandsrückstellung (Passivkonto*) in Höhe 78.000 € zu bilden. Der Aufwand von 78.000 € ist sachlich dem entsprechenden Aufwandskonto zuzuordnen, und wird damit dem Haushaltsjahr, in dem er auch entstanden ist (hier 2019) zugerechnet, er vermindert das Jahresergebnis.

Im März des Folgejahres geht die Rechnung ein: 78.000 €. Wenn der Rechnungsbetrag überwiesen ist, dann ist auch die Rückstellung aufgelöst). Sollten die in 2019 tatsächlich anfallenden Instandhaltungskosten größer oder kleiner 78.000 € sein, dann werden die Differenzen entweder als „periodenfremder Aufwand" (Ist-Kosten > Rückstellungsbetrag) oder als „periodenfremder Ertrag" (Ist-Kosten < Rückstellungsbetrag) gebucht.

* Ein passives Bestandskonto wurde im Dezember des Vorjahres auf der Habenseite bebucht; im März 2020 wird der Betrag auf der Sollseite ausgebucht; beide Seiten sind gleich groß, das Konto ist ausgeglichen.

b) Abschreibungen

Vor Einführung der Doppik bestand der Gesamthaushalt einer Kommune aus dem Verwaltungshaushalt und dem Vermögenshaushalt. Letzterer wurde „finanziert" aus:

- Zuführungen aus dem Verwaltungshaushalt (derjenige Betrag, um den die Einnahmen die Ausgaben im Verwaltungshaushalt einer Kommune übersteigen),
- Entnahmen aus der (kameralen) Rücklage,
- Rückflüsse aus Darlehen,
- Erlöse aus Vermögensveräußerungen,
- Kreditaufnahmen,
- Zuweisungen und Zuschüsse,
- sonstige Einnahmen.

Diese zur Verfügung stehenden finanziellen Mittel wurden von den Kommunen unter anderem

- zum Erwerb von Vermögen,
- zur Finanzierung von Baumaßnahmen,
- für die Zuweisungen und Zuschüsse für Dritte,
- zur Tilgung von Krediten,
- sonstige Ausgaben,

verwendet.

Die Beschaffung von Vermögensgegenständen (Investitionen) wurde durch den Vermögenshaushalt finanziert. Ein einfaches Beispiel soll den Unterschied zwischen der Kameralistik und der Doppik deutlich machen. Zunächst einmal die Vorgehensweise im **kameralen Haushalt:**

Die Kommune will in dem zu planende Haushaltsjahr einen Kleintransporter anschaffen (angenommene Nutzungsdauer: 6 Jahre). Nach Genehmigung der Maßnahme erfolgt der Kauf des

Kleintransporters (Anschaffungskosten: 30.000 €) im Januar 2014. Die Finanzierung erfolgte aus dem Vermögenshaushalt. Bis zum Jahr 2019 erscheint der Werteverlust des Kleintransporters in keinem der bis dahin verabschiedeten Haushalte. Erst als im Jahr 2020 festgestellt wurde, dass das Fahrzeug nicht mehr genutzt werden konnte, wurde über einen Neuerwerb im kommenden Haushaltsjahr beraten und beschlossen. Der aus dem Vermögenshaushalt finanzierte Investitionsbetrag beläuft sich auf 30.000 €.

Mit der Einführung der Doppik erfolgt die Beschaffung des Fahrzeuges im Januar 2020. Die beabsichtigte Finanzierung erfolgt aus den liquiden Mitteln der Kommune und wird im Finanzplan als Auszahlungen für Investitionstätigkeit ausgewiesen. Die Anschaffungskosten belaufen sich wiederum auf 30.000 €, mit dem Unterschied zur Kameralistik, dass diese Anschaffungskosten über die Nutzungsdauer (6 Jahre) verteilt werden müssen. Im Verlaufe der Nutzungsdauer verliert das Fahrzeug jährlich (5000 € pro Jahr) an Wert. Der jährlich kleiner werdende Restwert des Fahrzeuges wird im Jahresabschluss im Bestand des Fuhrparks dokumentiert, der Werteverlust pro Jahr muss in der Ergebnisplanung aufgezeigt werden, und am Ende des Haushaltsjahres in der Erfolgsrechnung erkennbar sein. Diese verbale Beschreibung wird in der folgenden Grafik nochmals vereinfacht dargestellt.

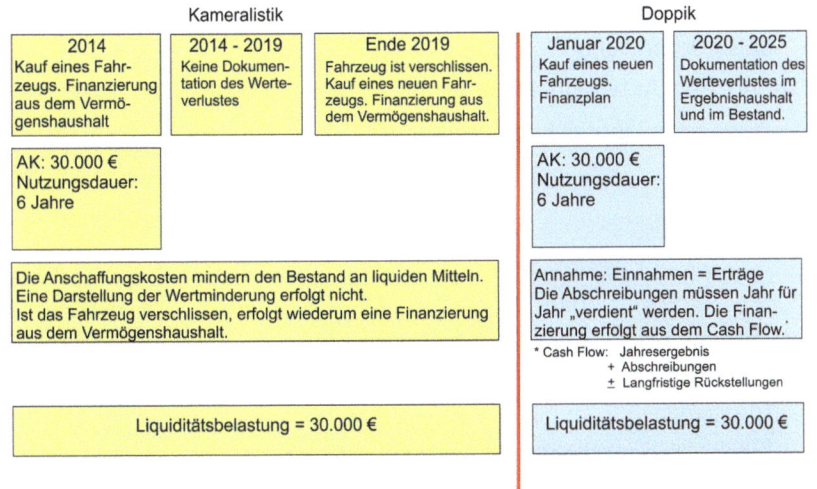

Abb. 9: Investitionen kameral – doppsch

Wenn unterstellt wird, dass die Einnahmen des Gesamthaushaltes, ob nun kameral oder doppisch, einen gleich hohen Betrag ausmachen, und weiterhin angenommen wird, dass es aller 6 Jahre Zuführungen in Höhe der Anschaffungskosten eines neuen Fahrzeuges vom Verwaltungshaushalt in den Vermögenshaushalt gab, dann mussten die Anschaffungskosten für Investitionen (hier: Fahrzeug) nach Verschleiß aus dem Vermögenshaushalt finanziert werden. Im doppischen Haushalt wird über die gesamte Laufzeit die Wertminderung über die finanziellen Gegenwerte der Abschreibungen refinanziert. In beiden Fällen werden gleichhohe liquide Mittel für den Erwerb des Fahrzeuges aus dem Haushalt verwendet. Einmal nach Ablauf der Nutzungsdauer in einem Betrag (kameral), zum anderen anteilig in Höhe des Werteverlustes (Abschreibungen) aus dem laufendenden Haushalt. Gleichzeitig werden sowohl die Bestandsminderung in der Position Fuhrpark, als auch der Werteverlust als Aufwand dokumentiert.

Die Abschreibungen bilden den Verzehr des Anlagevermögens ab. Ursachen für diese Wertminderung können sein:

- Nutzung/Gebrauch, Einflüsse durch die Zeit,
- Einflüsse durch den technischen Fortschritt,
- außerordentliche Einflüsse.

Die Art des Anlagegutes sowie die Erfassung des Werteverzehres ist der folgenden Übersicht zu entnehmen:

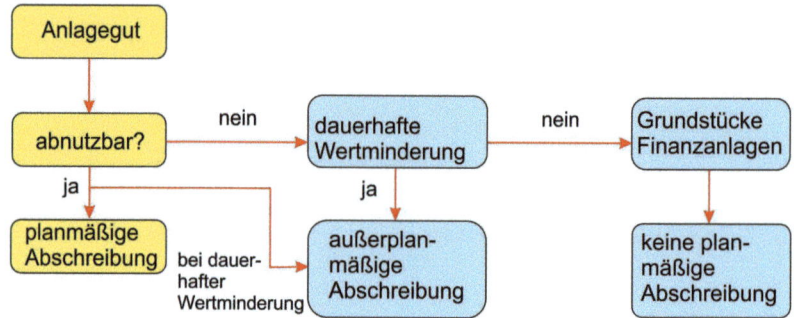

Abb. 10: Planmäßige und außerplanmäßige Abschreibungen

Planmäßige Abschreibungen:

Planmäßige Abschreibungen müssen vorgenommen werden bei Anlagegütern, deren Nutzungsdauer zeitlich begrenzt ist (abnutzbare Anlagegüter). In der öffentlichen Verwaltung soll grundsätzlich linear abgeschrieben werden, das bedeutet, die Anschaffungs-Herstellungskosten werden gleichmäßig auf die voraussichtliche Nutzungsdauer verteilt. Der Wert der Abschreibung wird in diesem Fall über den Quotienten:

$$\text{lineare Abschreibungen (€/Jahr)} = \frac{\text{Anschaffungskosten (€)}}{\text{Nutzungsdauer (Jahre)}}$$

ermittelt.

Wird durch die bilanzierende Gemeinde nachgewiesen, dass die lineare Abschreibung nicht den tatsächlichen Werteverlust abbildet, und der Werteverlust in direkter Abhängigkeit zur Leistung steht, dann kann die Kommune leistungsabhängig abschreiben.

Die Abschreibungsbeträge werden dann wie folgt ermittelt:

$$\text{leistungsabhängige Abschreibungen (€/Jahr)} = \frac{\text{Anschaffungskosten (€)}}{\text{geplante Leistung über ND (LE)}} \times LE^{*)}/Jahr$$

$^{*)}$ LE - Leistungseinheiten, z. B.: km, Stück, m³, ND - Nutzungsdauer.

Der Jahresabschreibungsbetrag errechnet sich dann aus der Gesamtleistung des Jahres multipliziert mit dem Abschreibungsbetrag je LE. Für beide Abschreibungsmethoden soll an dieser Stelle ein Beispiel angeführt werden:

Praxisbeispiele zu bilanziellen Abschreibungsmethoden:

In der Gemeinde soll ein Personenkraftwagen (AHK - 30.000 €) über sechs Jahre genutzt werden. Während dieser Nutzungsdauer soll der PKW eine Gesamtleistung von 120.000 km realisieren (0,25 €/km).

Jahr	Lineare Abschreibung		Leistungsabhängige Abschreibung		
	Abschreibung/ Jahr (€/Jahr)	Rest- wert zum 31.12. (€)	Abschreibung/ Jahr (€/Jahr)	Rest- wert zum 31.12. (€)	Km- Leistung (km/Jahr)
1	5.000	25.000	5.750	24.250	23.000
2	5.000	20.000	5.000	19.250	20.000
3	5.000	15.000	7.500	11.750	30.000
4	5.000	10.000	3.750	8.000	15.000
5	5.000	5.000	4.500	3.500	18.000
6	5.000	0*)	3.500	0*)	14.000
	30.000		30.000		120.000

Abb.11: Lineare und leistungsabhängige Abschreibung

*) Die Restwerte sind im Beispiel mit Null ausgewiesen worden (Abb.: 11). In der buchhalterischen Praxis wird, soweit die Gegenstände weiter genutzt werden, am Ende der Nutzungsdauer ein Restwert (Erinnerungswert) von einem Euro dargestellt.

Ein Wechsel von der begonnenen Leistungsabschreibung zur linearen ist möglich, umgekehrt ist es jedoch untersagt.

Die Nutzungsdauer ist auf der Grundlage von Erfahrungswerten und unter Berücksichtigung von Beschaffenheit und Nutzung des Vermögensgegenstandes zu bestimmen.[49] wichtige Abschreibungspositionen (Aufwandspositionen) finden Sie im Kontenrahmen Baden-Württembergs in der Kontengruppe "47 Bilanzielle Abschreibungen".[50]

Außerplanmäßige Abschreibung

Außerplanmäßige Abschreibungen können bei abnutzbaren und nicht abnutzbaren Vermögensgegenständen erforderlich werden, wenn eine dauernde Wertminderung vorliegt. Eine voraussichtliche dauernde Wertminderung kann angenommen werden, wenn zumindest während eines erheblichen Teils der Restnutzungsdauer der jeweilige Bilanzwert am Abschlussstichtag unter dem Wert liegt, der sich nach Abzug der planmäßigen Abschreibung ergäbe. In Baden-Württemberg gilt das für alle Gegenstände des Anlagevermögens (auch Finanzanlagen).[51] Außerplanmäßige Abschreibungen stellen einen zusätzlichen Verzehr bzw. Ressourcenverbrauch dar und werden ebenfalls aufwandswirksam in der Ergebnisrechnung in der Zeile "Bilanzielle Abschreibungen" der jeweiligen Rechnungsperiode erfasst und führen mithin zu einer Verschlechterung des Jahresergebnisses (s. o.).

Die **Gründe für eine außerplanmäßige Abschreibung** können beispielsweise sein:

- Software ist veraltet,
- Verschlechterung der Bodenqualität durch Naturkatastrophen (höhere Gewalt wie Hochwasser, Sturm, Brand usw.),
- erhöhte Abnutzung durch besondere Beanspruchung (Überstunden, Art der Bedienung, Art der Pflege, Witterungseinflüsse u. ä.),
- Abnutzung durch technischen Fortschritt (z.B. niedrigerer Energieverbrauch bei Nachfolgemodellen).

Das folgende Beispiel soll die wertmäßige Entwicklung eines abnutzbaren Vermögensgegenstandes unter Berücksichtigung einer außerplanmäßigen Abschreibung aufzeigen:

Praxisbeispiel:

Die Gemeinde erwirbt am 02.01.01 eine Druckmaschine für die verwaltungsinterne Druckerei. Die Anschaffungskosten betrugen: 120.000 € bei einer festgelegten Nutzungsdauer von 10 Jahren. Im 5. Jahr der Nutzung wird die Anlage durch einen Brand beschädigt, ein Gutachter ermittelt zum 31.12.05 einen Wert von 40.000 €. Die Anlage kann weitere 5 Jahre genutzt werden.

Bis zum Ende des Jahres 05 wird demnach planmäßig abgeschrieben (jährlich 12.000 €). Zum 31.12. 05 wird zusätzlich zu den 12.000 € planmäßiger Abschreibung eine außerplanmäßige Abschreibung auf den verminderten Wert in Höhe von 20.000 €. Da keine Veränderung der Nutzungsdauer angegeben ist, wird in den verbleibenden Jahren jeweils mit 8.000 € abgeschrieben.

Jahr	Planmäßige Abschreibung (€/Jahr)	außerplanmäßige Abschreibung (€)	Restwert zum 31.12. (€)
01	12.000		108.000
02	12.000		96.000
03	12.000		84.000
04	12.000		72.000
05	12.000	20.000	40.000
06	8.000		32.000
07	8.000		24.000.
08	8.000		16.000
09	8.000		8.000
10	8.000		0

Abb. 12: Außerplanmäßigen Abschreibung (Praxisbeispiel)

Anmerkungen: Das Jahr 01 bedeutet im Rechnungswesen häufig, dass es sich um das erste Jahr einer Betrachtung handelt. Die Folgejahre werden mit 02, 03,... weitergeführt.

Außerplanmäßige Abschreibungen sind jeweils gesondert auszuweisen oder im Anhang zu erläutern. Zu diesem Zweck sind in der Buchhaltung getrennte Konten für planmäßige und außerplanmäßige Abschreibungen zu führen.

Wichtig für die Ergebnisplanung ist der Beginn der Abschreibung bei einer unterjährigen Anschaffung von Gegenständen des Anlagevermögens: Die Abschreibung beginnt mit dem Monat, in dem das Wirtschaftsgut aktiviert wurde. Beim Verkauf eines Anlagegutes werden bei der Abschreibung die vollen Monate (vom 01.01. bis zum Zeitpunkt des Verkaufs) berücksichtigt.

Praxisbeispiel:

Anschaffung einer Anlage am 02. Mai 01. Die Anschaffungskosten betragen 120.000 €, die Nutzungsdauer wird mit 5 Jahren angegeben, die Abschreibung soll linear erfolgen.

Abschreibungsplan:

Jahr	Abschreibungsbetrag	Restwert zum 31.12.
01	16.000 €	104.000 €
	(24.000/12 x 8)	
02	24.000 €	80.000 €
03	24.000 €	56.000 €
04	24.000 €	32.000 €
05	24.000 €	8.000 €
06	8.000 €	0

Vorräte

Für das Umlaufvermögen gilt das strenge Niederstwertprinzip. Danach **müssen** die Vermögensgegenstände des Umlaufvermögens am Abschlussstichtag auf den niedrigen Börsen- oder Marktpreis abgeschrieben werden, unabhängig ob die Wertminderung von Dauer ist oder nicht.[49]

Für das Umlaufvermögen können drei Wertmaßstäbe für die Beurteilung einer außerplanmäßigen Abschreibung herangezogen werden: Ein möglicher Börsenwert (soweit vorhanden), ein Marktpreis (soweit vorhanden) oder der beizulegende Wert.[53]

3.1.4 Leasing

Leasinggeschäfte nehmen sowohl in der Erwerbswirtschaft, als auch in Einrichtungen der Öffentlichen Verwaltung zu. Nicht Alles, was als Leasing bezeichnet wird, entspricht den Verwaltungsvorschriften des Bundesministeriums für Finanzen, deshalb eine kurze Darstellung von Leasinggeschäften.

Der Begriff „Leasing" bezeichnet eine Finanzierungsform, bei der eine Gebrauchsüberlassung von Wirtschaftsgütern gegen Entgelt stattfindet. Entsprechend der Ausgestaltung des jeweiligen Leasingvertrages lassen sich verschiedene Formen des Leasings unterscheiden:

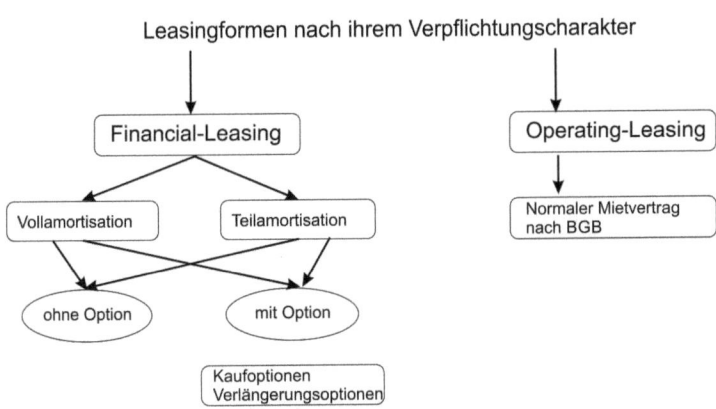

Abb. 13: Leasingformen

Beim Operating – Leasing trägt der Leasinggeber das jeweilige Risiko, beim Finanzierungsleasing der Leasingnehmer.

Um die mit dem Leasing-Vorgang zusammenhängenden Geschäftsvorfälle ordnungsgemäß zu verbuchen, ist jeweils grundsätzlich zu klären, ob der Leasinggegenstand beim Leasing-Geber (Leasingunternehmen) oder beim Leasing-Nehmer (Kommune, Nutzer) zu bilanzieren ist. Für diese Beurteilung ist sowohl der jeweilige Leasingvertrag als auch dessen tatsächliche Durchführung relevant.

Bei einem Vollamortisation-Leasingvertrag erwirtschaftet der Leasinggeber während der vereinbarten Laufzeit des Leasingvertrages alle ihm entstandene Kosten zuzüglich eines in der Branche üblichen Gewinns.

Das bedeutet, über die Laufzeit des Leasingvertrages werden durch die Leasingraten (beim Leasinggeber) refinanziert:

- die Anschaffungskosten des Leasinggegenstandes,
- die Handlungskosten (Personalkosten, Sachleistungen, ...) des Leasinggebers,
- der Gewinn des Leasinggebers.

Schon daraus ist ersichtlich, dass ein Leasingvertrag (Vollamortisation) teurer wird, als eine Kreditfinanzierung. Bei Leasingverträgen, die den Charakter von Teil-Amortisationsverträgen tragen (häufig bei Fahrzeugen und anderen kurzlebigen Wirtschaftsgütern), wird während der Laufzeit nur ein Teil der Anschaffungskosten refinanziert, der Differenzbetrag zu den vollen Anschaffungskosten wird von der Leasinggesellschaft über Anschlussverträge erwirtschaftet. Handlungskosten und Gewinn der Leasinggesellschaft werden auch bei diesen Verträgen über die Leasingraten (anteilig) refinanziert.

Für Einrichtungen der Öffentlichen Verwaltung könnte Leasing unter anderem für die folgenden Gegenstände in Betracht kommen: Fahrzeuge, Drucker, Kopierer, EDV-Anlagen,...

Bilanzierung von geleasten Gegenständen des Anlagevermögens

Dabei wird zunächst von einem **Leasingvertrag ohne Kauf-oder Verlängerungsoption** ausgegangen. Beträgt die **Grundmietzeit** - in dieser Zeit darf der Leasingvertrag nicht gekündigt werden - **weniger als 40 % oder mehr als 90%** der betriebsgewöhnlichen Nutzungsdauer des Wirtschaftsgutes, erfolgt die Bilanzierung beim **Leasingnehmer.**

Liegt die Grundmietzeit **zwischen 40% und 90%** der betriebsgewöhnlichen Nutzungsdauer (in der Praxis der Normalfall), so wird der Leasinggegenstand dem **Leasinggeber** zugerechnet - sofern der Leasingnehmer kein Optionsrecht auf Kauf oder Mietverlängerung hat.

Bilanzierung bei Vollamortisations-Leasingverträgen ohne Abschlussoptionen

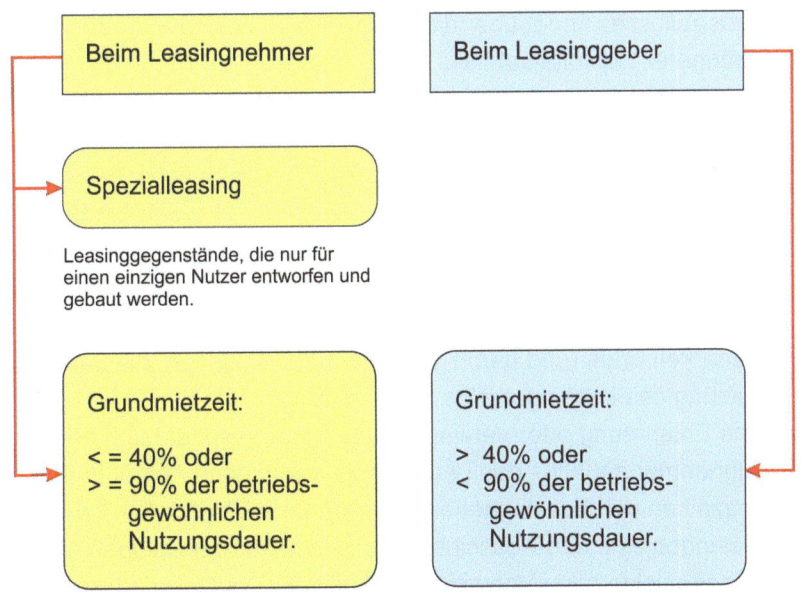

Abb. 14: Bilanzierung von Leasingverträgen ohne Optionen

Zurechnung des Leasing-Gegenstandes bei dem Leasinggeber[54]:

Erfolgt die Bilanzierung beim Leasinggeber verbucht die Gemeinde (als Leasingnehmer) die Leasingrate als sofort abziehbaren Aufwand, Zins- und Tilgungsanteile bleiben unberücksichtigt.

Praxisbeispiel:

Betriebsgewöhnliche Nutzungsdauer des
Leasinggegenstands: *10Jahre*
Monatliche Leasingrate: *1.100 €*
Leasing-Vertrags-Laufzeit: *6 Jahre*
(60% der betriebsgewöhnlichen Nutzungsdauer, Bilanzierung beim Leasinggeber). Die Kommune bucht die monatliche Leasingrate als Aufwand (Konto der Kontenklasse 5, hier: 5232 Leasing). Im Gegensatz zu den Abschreibungen fließt Liquidität ab.

Mögliche Vorteile von Leasinggeschäften

- Die Liquidität wird geschont (an Stelle eines einmalig höheren Liquiditätsabflusses findet über die Laufzeit des Leasingvertrages ein niedrigerer Liquiditätsabfluss statt).

- Ein mit Banken vereinbarter Kreditrahmen bleibt uneingeschränkt erhalten und wird durch die Leasinginvestition nicht in Anspruch genommen.

- Leasing ist für den Leasingnehmer bilanzneutral, wenn die Bilanzierung beim Leasinggeber erfolgen muss.

- Die Leasingraten werden in der Ergebnisrechnung als Aufwand ausgewiesen, sie mindern damit das Basiskapital. Sie stellen periodisch wiederkehrende (und damit gut planbare) Zahlungen, die parallel zur Nutzung des Leasingobjekts anfallen, dar.

- Eine Entsorgung oder Verwertung bei Vertragsende durch den Leasingnehmer entfällt – das Leasingobjekt wird nach Ablauf der Leasingzeit an den Leasinggeber zurückgegeben. Durch Rückgabe der Leasingobjekte und Abschluss eines Neuvertrages, bleiben die Anlageobjekte einer Verwaltungseinheit stets auf dem neusten technischen Stand.

- Leasing mit entsprechendem Service durch den Leasinggeber spart für den Leasingnehmer Verwaltungsaufwand, ein solcher Vertrag ist i. d. R. kostenintensiver, als ein einfacher Leasingvertrag.

Mögliche Nachteile von Leasinggeschäften:

Den Vorteilen stehen jedoch auch Nachteile für den Leasingnehmer gegenüber:

- Der Leasingnehmer erwirbt kein Eigentum am Leasinggut und hat somit keine Möglichkeiten für einen eventuellen Verkauf bei Nichtnutzung oder Liquiditätsproblemen.
- Für die vorzeitige Beendigung des Leasingvertrages werden i. d. R. Gebühren und Schadensersatz an die Leasinggesellschaft fällig.

Praxisbeispiel: Finanzierung versus Leasing

Kreditfinanzierung		**Leasing**
Anschaffungskosten: 600.000 €		*Laufzeit: 7 Jahre*
Kredit:	*600.000 €*	*Leasingrate:* *117.000 €/a*
Laufzeit:	*8 Jahre*	*Anschlussleasing (8. Jahr)*
Nutzungsdauer:	*8 Jahre*	*weitere: 117.000 €*
Zinssatz:	*8%*	
Tilgung:	*75.000 €/a*	

Kosten

Abschreibungen:			*Leasingraten:*
8 x 75.000 €	*=*	*600.000 €*	*7 x 117.000 € = 819.000 €*
+ Zinsen	*=*	*189.000 €*	*1 x 117.000 € = 117.000 €*
Summe		*789.000 €*	*936.000 €*

Ein eventueller (oben nicht berücksichtigt) Liquidationserlös am Ende der Laufzeit wirkt nach Ablauf der Nutzungsdauer ergebnisverbessernd.

3.2   Finanzhaushalt

Abgrenzung der Begriffe Einzahlungen/Einnahmen/Erträge

In der Terminologie der Doppik stimmen die in der Kameralistik verwendeten Kategorien Einnahmen und Ausgaben nicht immer mit den im Rechnungswesen definierten Kategorien überein. Eine saubere Trennung zwischen diesen Begriffen ist notwendig, um eventuelle Missverständnisse von vornherein ausschließen zu können. Alle diese Begriffe spiegeln Zahlungsströme wider, die auf entsprechende Bestandsgrößen erhöhend oder mindernd wirken: Es besteht zwischen ihnen ein Zusammenhang.

Bestandsgröße	Strom-größe	+	./.
Zahlungsmittelbestand (alle sofort verfügbaren liquiden Mittel: Kassenbestand + sofort verfügbare Bankguthaben)	Einzahlung Auszah-lung	x	x
Geldvermögen (Zahlungsmittelbestand + Forderungsbeatnd ./. Verbindlichkeiten)	Einnahme Ausgabe	x	x
Reinvermögen = Eigenkapital (Geldvermögen + Anlagevermögen + Vorratsvermögen)	Ertrag Aufwand	x	x

Abb. 15: Abgrenzung Einzahlungen/Einnahmen/...

__Praxistipp:__

Wollen Sie sich Klarheit darüber verschaffen, um welchen Sachverhalt es sich handelt, könnten Sie folgendermaßen vorgehen:
Unterstellen Sie für die einzelnen Bestandsgrößen, jeweils einen Anfangsbestand (z. B.):

Zahlungsmittelbestand	*100.000 €*
+ Forderungen	*500.000 €*
./. Verbindlichkeiten	*200.000 €*
= Geldvermögen	*400.000 €*
(100.000 + 500.000 ./. 200.000)	
+ Sachvermögen	*1.500.000 €*
= Eigenkapital	*1.900.000 €*

Jetzt können Sie die durch den Geschäftsfall verursachten Änderungen im jeweiligen Bestand erfassen und mit den Ausgangswerten vergleichen. Haben sich die Anfangsbestände verändert, lassen sich durch die Veränderungen und die damit verknüpfte Definition, die jeweiligen Sachverhalte problemlos zuordnen.

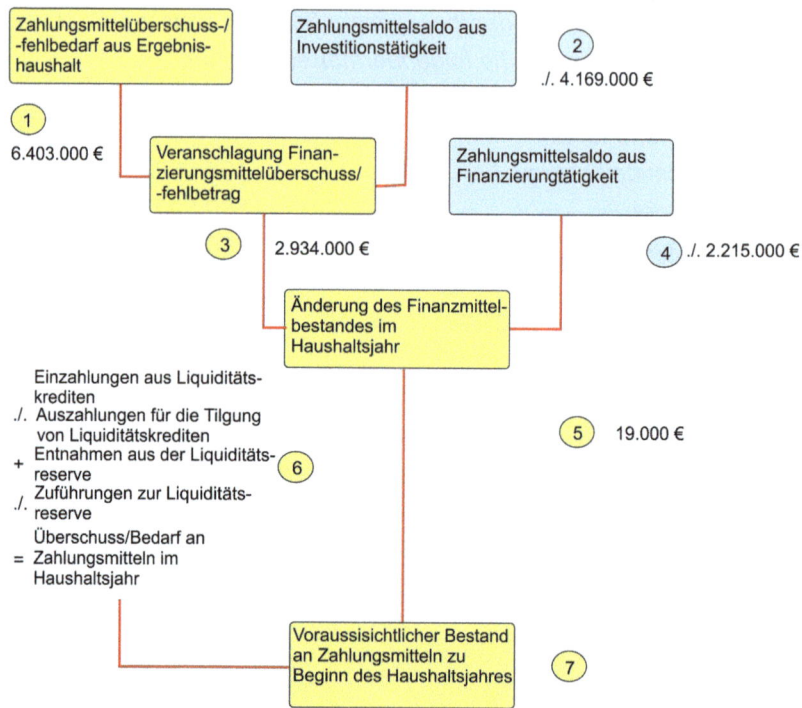

Abb. 16: Finanzhaushalt (Planzahlen der Stadt Badeb-Baden, Plan 2017)

1: GemHVO: § 3, Ziffer 1 – 3

Der Zahlungsmittelsaldo aus laufender Verwaltungtätigkeit gibt Aufschluss über die (finanzwirtschaftliche) Fähigkeit zur Eigenfinanzierung. Er ist mit der Zuführung vom Verwaltungshaushalt an den Vermögenshaushalt im kameralen System vergleichbar. Er wird in der Literatur sehr häufig als Cashflow (Zahlungsstrom) bezeichnet.

2: GemHVO: § 3, Ziffer 4 – 17

Der hier ausgewiesene Saldo aus Einzahlungen und Auszahlungen für Investitionstätigkeit zeigt den Finanzmittelbedarf an, der sich daraus ergibt, dass geplante Investitionen realisiert werden sollen.

3: GemHVO: § 3, Ziffer 18

Finanzmittelüberschuss/-Fehlbetrag aus laufender Verwaltungstätigkeit/und Investitionstätigkeit. Ist dieser Saldo positiv, so bedeutet das, dass die Kommune in der Lage ist, ihre Investitionsvorhaben durch eine Eigenfinanzierung durchzuführen. Nicht ausgewiesen werden darf an dieser Stelle der Finanzmittelbedarf für die Beschaffung von Wertpapieren des Umlaufvermögens.

4: GemHVO: § 3, Ziffern 19 – 21

In dieser Position sind die Einzahlungen (Kreditaufnahme) und Auszahlungen (Kredittilgung) aus Krediten darzustellen.

5: GemHVO: § 3, Ziffer 22

Die Änderung des Zahlungsmittelbestandes im geplanten Haushaltsjahr ist gleich der Summe aus:

Zahlungsmittelsaldo aus Verwaltungstätigkeit plus

Zahlungsmittelsaldo aus Investitionstätigkeit plus

Zahlungsmittelsaldo aus Finanzierungstätigkeit.

Ist das Ergebnis negativ, bedeutet das, dass die Finanzmittel des laufenden Haushaltsjahres nicht ausreichen.

6: GemHVO: § 3, Ziffer 23

Die Finanzmittel reichen entsprechend der Planung für das Verwaltungsjahr nicht aus. Das muss aber nicht bedeuten, die Gemeinde sei zahlungsunfähig. Sie kann über weitere finanzielle Mittel verfügen, die aber nicht das aktuell zu planende Verwaltungsjahr betreffen (Rücklagen aus vorangegangenen Verwaltungsjahren). Diese finanziellen Mittel gehören in den Bestand der Liquiditätsreserve. Eine genaue Berechnung ist nicht möglich, da der Bestand an liquiden Mitteln starken Schwankungen unterliegt und der Bilanzwert lediglich eine Stichtagsinformation ist.

7: Der Saldo stellt den fortgeschriebenen Überschuss/Bedarf an Zahlungsmitteln im Haushaltsjahr dar, wobei der Überschuss durch die Zuführung an die Liquiditätsreserve verrechnet wird. Von besonderem

Interesse ist ein negativer Betrag. Dieser zeigt an, dass die liquiden Mittel der Gemeinde nicht ausreichen, um alle Zahlungen im Haushaltsjahr zu leisten. Ein negativer Betrag stellt somit den Sockelbestand des Kassenkreditbedarfs dar.

Praxistipp:

Aus der sich ergebenden Summe Finanzmittelüberschuss bzw. Finanzmittelfehlbetrag (3) ergibt sich die Fragestellung, ob und welcher Form Einzahlungen und Auszahlungen aus Finanzierungstätigkeit erforderlich werden, um einen Ausgleich des Saldos zu erreichen. Sollte ein Finanzmittelfehlbetrag zu einer Kreditaufnahme führen, muss unbedingt geprüft werden, woraus sich der Fehlbetrag an Finanzmitteln ergibt, ist bereits die Summe der Einzahlungen aus Verwaltungstätigkeit geringer als die der Auszahlungen (1), dann sollten die Ratsmitglieder darauf drängen, dass zunächst einmal dieser Saldo auszugleichen ist. Ergibt sich der Fehlbetrag an Finanzmitteln aus höheren Investitionsauszahlungen als Investitionseinzahlungen, so muss durch den Rat geprüft werden, inwieweit die Investitionen notwendig sind, eventuell ist das Vorhaben zu einem anderen Zeitpunkt unter finanzwirtschaftlichen Gesichtspunkten günstiger.

3.3 Haushaltsquerschnitt

Zum Gesamthaushalt sollte der Haushaltsquerschnitt gehören. Dieser besteht aus den Teilergebnissen der Teilhaushalte, einmal die des Ergebnishaushaltes, zum anderen, die des Finanzhaushaltes. Dabei werden in den Teilhaushalten die Erträge und Aufwendungen gegenübergestellt (Ergebnishaushaltsquerschnitt), zum anderen die Einzahlungen und Auszahlungen (Finanzhaushaltsquerschnitt).

Praxistipp:

Für die politisch Verantwortlichen ergibt sich mit den Haushaltsquerschnitten eine gute Möglichkeit, die Faktoren, die für das Gesamtergebnis verantwortlich sind, schnell aufzufinden. Sie haben die Möglichkeit, den Anteil des jeweiligen Teilhaushaltes am

Gesamthaushalt abzulesen. Neben der Haushaltssatzung und dem Vorbericht ist der Haushaltsquerschnitt gut geeignet, schnell den erforderlichen Überblick zu erhalten.

Querschnitt-Ergebnishaushalt der Stadt Baden-Baden (2016):

PB	anteilige ordentliche Erträge (T€)	anteilige ordentliche Aufwendungen (T€)	Erträge (interne LV) (T€)	Aufwendungen (interne LV) (T€)	kalkulatorische Kosten (T€)	Nettoressourcenbedarf/ -überschuss (T€)
11	4.115	25.630	19.713	2.452	1.985	./. 6.238
12	4.379	12.769	590	2.213	228	./. 10.240
21	5.868	16.745	38	1.384	1.665	./. 13.888
...						
61	126.390	28.593	0	1.445	0	96.352
∑						

Sollte ein Produktbereich auffällig (bspw. bezogen auf Planung, Vorjahr,...) sein, so müssen im Haushaltsplan des entsprechenden Produktbereichs die Ursachen gesucht werden. Bei der nächsten Ratssitzung muss Aufklärung gefordert werden.

4. Teilhaushalte

4.1 Gliederungsmöglichleiten der Teilhaushalte

Für die Gliederung der Teilhaushalte[55] ist ein Wahlrecht gegeben: Gliederung nach vorgegebenen Produktbereichen, oder produktorientiert nach der örtlichen Organisationsstruktur. Das Wahlrecht ermöglicht eine Abstimmung von Gliederungsstrukturen der Verwaltung und dem Haushaltsplan. Es geht darum, die Budgetierung als haushaltswirtschaftliches Instrument der Steuerung wirksam werden zu lassen. Fach- und Ressourcenverantwortung sollen so in eine Hand gegeben werden. Im neuen Haushalts- und Rechnungswesen wird die bisherige einheitliche Gestaltung und Gliederung des Haushaltsplanes aufgegeben und dem Ziel, eine bessere Steuerungsmöglichkeit zu erreichen, untergeordnet. Das neue Steuerungskonzept mit seinen Instrumenten Kosten- und Leistungsrechnung, Berichtswesen und Controlling kann seine Wirkung nur entfalten, wenn die örtliche Steuerungsstruktur geklärt ist.

Gliederung nach vorgegebenen Produktbereichen

Die Bildung der Teilhaushalte nach den vorgegebenen Produktbereichen setzt immer voraus, dass die vorliegenden Produktbereiche als Ganzes zugeordnet werden. Hierbei sind zwei Varianten möglich:

a) Gliederung in 16 Teilhaushalte entsprechend den vorgegebenen Produktbereichen:

Teilhaushalt 11	Innere Verwaltung
Teilhaushalt 12	Sicherheit und Ordnung
Teilhaushalt 21-24	Schulträgeraufgaben
Teilhaushalt 25-29	Kultur und Wissenschaft
Teilhaushalt 31-35	Soziale Hilfen
Teilhaushalt 36	Kinder-, Jugend-und Familienhilfe
Teilhaushalt 41	Gesundheitsdiensten
Teilhaushalt 42	Sportförderung
Teilhaushalt 51	räumliche Planung und Entwicklung
Teilhaushalt 52	Bau und Grundstücksordnung
Teilhaushalt 53	Ver- und Entsorgung
Teilhaushalt 54	Verkehrsflächen und -Anlagen
Teilhaushalt 55	Natur- und Landschaftspflege
Teilhaushalt 56	Umweltschutz
Teilhaushalt 57	Wirtschaft und Tourismus
Teilhaushalt 61	Zentrale Finanzleistungen

b) Zusammenfassung von Produktbereichen zu Teilhaushalten

Teilhaushalt 1	Innere Verwaltung (11), Sicherheit und Ordnung (12), zentrale Finanzleistungen (61)
Teilhaushalt 2	Schulträgeraufgaben (21-24) und Kultur und Wissenschaft (25-29)
Teilhaushalt 3	soziale Hilfen, Kinder-, Jugend- und Familienhilfe, Gesundheitsdienste
Teilhaushalt 4	Sportförderung, Wirtschaft und Tourismus
Teilhaushalt 5	Räumliche Planung und Entwicklung, Bau- und Grundstücksordnung, Verkehrsflächen und Anlagen usw. ...

4.2   Bestandteile der Teilhaushalte

Ergebnisteilhaushalt[56]

In den Teilergebnisplänen wird das anteilige Ergebnis bspw. des Produktbereiches am Gesamtergebnis ausgewiesen. Zusätzlich werden Erträge und Aufwendungen aus der innerbetrieblichen Leistungsverrechnung (s. unten) ausgewiesen. Im Haushaltsplan ist unabhängig von der Wahl der Gliederung des Haushaltsplanes eine Übersicht anzufügen, in der die Einzelfinanzposition des Ergebnishaushaltes nach den verbindlich vorgegebenen Produktbereichen, Produktgruppen und Produktuntergruppen geordnet, darzustellen sind. Diese für alle Gemeinden einheitlich vorgegebene Form der Darstellung soll vor allem den Rechtsaufsichtsbehörden im Rahmen der Prüfung kommunaler Haushalte dienen. Budgets (siehe dort) können durch die Gemeinden im Rahmen der Teilhaushalte oder unterhalb der Teilhaushalte gebildet werden. Bei der Bildung von Budgets ist auf eine überschneidungsfreie Zuordnung der Produkte bzw. Produktgruppen zu achten. Innerhalb der Teilhaushalte sind **Schlüsselprodukte** zu definieren. Sie werden durch die Gemeinde festgelegt und stellen die politische Grundlage für die Steuerung und Bewirtschaftung dar. Für die Schlüsselprodukte sind detaillierte Kosten- und Leistungsinformationen sowie Kennzahlen und Ziele auszuweisen. Damit wird es möglich, Verwaltungsprozesse zu steuern.

Schlüsselprodukte

- ermöglichen die Steuerung von wichtigen Leistungsbereichen einer Gemeinde,
- sie geben Informationen für den Rat und die Verwaltung,
- sie erhöhen die Transparenz des Haushaltsplanes und des Handelns der Gemeinde,
- sie haben Signalfunktion,
- sie beeinflussen die Motivation der Mitarbeiter,
- sie zeigen langfristige Entwicklungen an,
- sie ermöglichen interkommunale Vergleiche.

Praxisbeispiele – Schlüsselprodukte:

Kindertageseinrichtungen, Schulträgeraufgaben, Musikschule J. S. Bach, VHS, Brandbekämpfung und Gefahrenabwehr, Familienpolitik,...

Innerbetriebliche Leistungsverrechnung

Im Rahmen der Teilergebnishaushalte sind innerbetriebliche Leistungsverrechnungen vorzunehmen, soweit sie nicht unerheblich sind. Die innerbetriebliche Leistungsverrechnung hat zwei Aufgaben:

Die **Ermittlung von Verrechnungssätzen** ermöglicht der Behörde bzw. dem Betrieb die Überprüfung, ob eine bestimmte Leistung, z.B. Energie, Transporte, EDV-Leistungen, Reparaturen oder Instandhaltung, günstiger selbst hergestellt werden kann oder wirtschaftlicher von Dritten zu beziehen ist.

Verursachungsgerechte Kalkulation aller Leistungen, wie z.B. selbst erzeugte Energien, Reparatur- oder Transportleistungen, sind denjenigen Kostenstellen zuzurechnen, die die betreffenden Leistungen empfangen haben. Die Verrechnung findet also zwischen den beteiligten Kostenstellen statt. Weil Allgemeine und Hilfskostenstellen ausschließlich innerbetriebliche Leistungen erzeugen, sind die hierfür anfallenden Kosten letzten Endes den Hauptkostenstellen zuzurechnen, die diese Leistungen auch in Anspruch genommen haben.

Innerbetriebliche Leistungsverrechnungen müssen i.d.R. vorgenommen werden bei: Zentraler Reise- und Transportorganisation, zentralem Druckbereich, zentraler Poststelle, ...

Ergebnistechnisch wirken Leistungen, die innerhalb einer Kommune von einer Verwaltungseinheit empfangen worden sind als Aufwand (siehe auch wichtige Aufwandsarten). Von einer Verwaltungseinheit an eine andere abgegebene Leistung wird in den Teilergebnisrechnungen als Ertrag erfasst und verrechnet.

Verfahren der innerbetrieblichen Leistungsverrechnung (Ein Überblick)

Grundsätzlich wird bei den Verfahren der innerbetrieblichen Leistungsverrechnung zwischen der Kostenstellenumlage und dem Kostenstellenausgleich unterschieden.

Von einer **Kostenstellenumlage** wird gesprochen, wenn eine Kostenstelle Leistungen für eine oder mehrere andere Kostenstellen erbringt, ohne selbst Leistungen der belieferten Stellen in Anspruch zu nehmen. Diese Art der Leistungsbeziehung wird auch als einseitige Leistungsbeziehung bezeichnet. Eine derartige Beziehung wäre beispielsweise bei der Kostenstelle zentraler Fuhrpark gegeben, wenn sie allen Fachbereichen Transportleistungen anbietet, ohne selbst Leistungen von diesen Kostenstellen in Anspruch zu nehmen.

	Fuhrpark	Instandhaltung	11 Innere Verwaltung	12 Sicherheit und Ordnung	Produkt- bereiche 21 - 24
Gesamtleistung	20.000 km	500 h			
Gesamtkosten vor Umlage	8.200 €	22.000 €	500.000 €	1.500.000 €	2.000.000 €
empfangene Leistung		500 km	4.500 km	12.000 km	3.000 km
			200 h	180 h	80 h
Umlage Fuhrpark $\frac{8.200\,€}{20.000\,km} = 0,41\,€/km$ →		205 €	1.845 €	4.920 €	1.230 €
Zwischensumme		22.205 €	501.845 €	1.504.920 €	2.001.230 €
Umlage Instandhaltung $\frac{22.205\,€}{460\,h} = 48,27\,€/h$ →			9.654 €	8.689 €	3.862 €
Gesamtkosten nach Umlage	0	0	511.499 €	1.513.609 €	2.005.092 €

Abb. 17: Einseitige Leistungsbeziehung

*) Hinweis: Aus Vereinfachungsgründen wird unterstellt, dass die den Produktbereichen 21 – 24 folgenden Produktbereiche keine Leistungen vom Fuhrpark und von der Instandhaltung empfangen haben. Bei der Berechnung des Umlagesatzes "Instandhaltung" werden den nachfolgenden Verwaltungseinheiten nur die tatsächlich in Anspruch genommenen Leistungsstunden auch angelastet, deshalb 22.205 €/460 h.

Von einem **Kostenstellenausgleich** hingegen spricht man, wenn zwischen Kostenstellen zwei- oder mehrseitige Leistungsbeziehungen bestehen. Einzelne Kostenstellen geben nicht nur Leistungen ab, sondern sie empfangen auch welche. Im Fall des Fuhrparks kann dies beispielsweise der Fall sein, wenn diese die Kostenstelle Instandhaltung mit Transportleistungen versorgt, von der Kostenstelle Werkstatt aber Reparaturleistungen in Anspruch nimmt. Zur Ermittlung der Verrechnungssätze wird in der kostenrechnerischen Praxis auf softwaregestützte mathematische Verfahren zurückgegriffen. Beim Simultanverfahren lassen sich die Verrechnungssätze mit Hilfe eines Systems von Gleichungen mit ebenso vielen Verrechnungssätzen ermitteln. Details würden den Rahmen einer überschaubaren Arbeit sprengen.

Verursachungsgemäße Verteilung

Unabhängig davon, ob die Leistungsverrechnung ein- oder mehrstufig stattfindet, muss darauf geachtet werden, dass die ermittelten Verrechnungssätze nachvollziehbar ermittelt (kalkuliert) wurden. Des Weiteren muss der Kostenstellenverantwortliche die Möglichkeit haben, die Kosten auch beeinflussen zu können. Eine automatische Verrechnung mit nicht nachvollziehbaren Verrechnungssätzen verursacht fehlende Akzeptanz und entwickelt kaum Verantwortungsgefühl.

Praxistipp:

Um diese negativen Konsequenzen zu vermeiden, haben sich in der Praxis folgende Regeln bewährt:

Die Benennung aller innerbetrieblichen Leistungen und Erläuterung der Notwendigkeit zur Erstellung dieser Leistungen.

Aufbau interner Kunden-Lieferanten-Beziehungen: Es muss festgehalten werden, wer welche Leistungen erbringt und wer, in welchem Umfang Empfänger dieser Leistungen ist.

Zur Verrechnung innerbetrieblicher Leistungen müssen gemeinsam mit allen Verantwortlichen (Leiter der liefernden und empfangenden Kostenstellen) eindeutige Bezugsgrößen festgelegt werden.

Auch die Leiter der liefernden Kostenstellen müssen angehalten werden, ihre Leistungen möglichst günstig zu erbringen. Vielfach besteht hierzu kein Anreiz, da sie ja "ihre" Kosten vollständig auf die empfangenden Kostenstellen abwälzen können.

Führen Sie regelmäßige Diskussionen über die innerbetrieblichen Leistungen und deren Notwendigkeit.

Der Erfolg und die Akzeptanz der innerbetrieblichen Leistungsverrechnung hängen ganz entscheidend von der Umsetzung dieser Punkte ab. Gelingt es, dass die Kostenstellenverantwortlichen die Ermittlung der intern verrechneten Kosten akzeptieren und nachvollziehen können, warum sie welche Leistungen (und Kosten) in welcher Höhe zugerechnet bekommen, dann sind auch die Ziele, die mit der Ermittlung der Kosten von innerbetrieblichen Leistungen verfolgt werden, erreichbar. Der Kostenumfang einer internen Leistungsverrechnung kann in einer größeren Verwaltungseinheit mehrere Mio. € betragen.

Praxistipp:

Trotz aller gewünschten Genauigkeit, gilt auch bei der innerbetrieblichen Leistungsverrechnung der Grundsatz der Wirtschaftlichkeit. Der Aufwand muss mit dem kostenrechnerischen Nutzen (hier: Ermittlung der Produktkosten) in einem vertretbaren Verhältnis stehen.

Teilfinanzhaushalt

An dieser Stelle soll lediglich auf die Planung von Investitionen im Teilfinanzhaushalt und die damit im Zusammenhang stehenden Forderungen zur Haushaltsplanung erläutert werden. Investitionen und Investitionsförderungsmaßnahmen, die sich über mehrere Jahre erstrecken, sind unter Angabe der Gesamtinvestitionssumme im Teilfinanzhaushalt zu veranschlagen.[57] Maßnahmen mit geringer finanzieller Bedeutung dürfen zusammen gefasst werden. Die für Investitionen erforderlichen Auszahlungen sind im entsprechenden Finanzhaushalt zu veranschlagen.

Bei der Bilanzierung von Vermögensgegenständen, treten häufig Probleme bei der Zuordnung einer Maßnahme zum Sachverhalt „Erweiterungsaufwand" (siehe auch nachträgliche AHK) – und damit bilanzierungspflichtig - oder zum Sachverhalt „Instandhaltung" und damit Aufwand des jeweiligen Haushaltjahres, auf.

Handelsrechtlich wird die Abgrenzung dieser Begriffe zu einander u. a. davon abhängig gemacht, dass:

- eine Wiederherstellung nach vollständiger Zerstörung des Anlagegutes erfolgt ist,
- eine Nutzungsänderung eingetreten ist,
- eine Erweiterung oder wesentliche Verbesserung der Leistung des Anlagegutes eingetreten ist.

Investition

Allgemein können unter Investitionen die Verwendung finanzieller Mittel verstanden werden, die den Bestand des Anlagevermögens erhöhen. Dabei ist nicht nur der Erwerb von Anlagegütern zu verstehen, sondern auch das durch die Kommune selbsterstellte Anlagegut (aktivierte Eigenleistungen).

Davon ausgenommen sind geringwertige Vermögensgegenstände.

Bei Investitionen gilt es zu unterscheiden in:

Sachinvestitionen: Hierbei werden liquide Mittel für materielle Objekte ausgegeben (z.B. maschinelle Anlagen, Gebäude u.a.).

Finanzinvestitionen: Diese stellen eine Anlage liquider Mittel in geldwerte Ansprüche dar (z.B. Anlage in Aktien oder Schuldverschreibungen, Erwerb von Forderungsrechten). Bei diesen so genannten Finanzanlagen (s. dort) umfasst der Investitionsbegriff sowohl kurz- als auch langfristige Anlageformen. Dabei wird in Finanzanlagen des Anlagevermögens, die dem öffentlichen Sektor längerfristig dienen sollen, und in Finanzanlagen des Umlaufvermögens, die zur Veräußerung bestimmt sind, unterschieden.

Investitionen in immaterielle Wirtschaftsgüter: Diese immateriellen Investitionen dürften im öffentlichen Sektor mit Ausnahme des Erwerbs von Software-Lizenzen relativ unbedeutend sein.

Zuwendungen der Kommune an Dritte: Diese Form der Investition kann in Baden-Württemberg unter dem aktiven Bilanzposten „Sonderposten" bilanziert werden.

Praxisbeispiel – Sachinvestition:

Die Kommune erwirbt ein Feuerwehrauto für 120.000 € (Ziel: Erfüllung der kommunalen Aufgabe des Brandschutzes). Mit dem Kauf des Fahrzeuges geht dieses in das bilanzielle Eigentum der Kommune über (unabhängig von der Form der Finanzierung) und verursacht in den Folgejahre Abschreibungen (bei einer Nutzungsdauer von 10 Jahren – 12.000 €/Jahr). Sollte das Fahrzeug teilweise ganz oder fremd finanziert werden, entstehen außerdem Kapitalkosten.

Praxisbeispiel – Finanzinvestition:

Die Gemeinde A erwirbt Anteile an einem regionalen Energieversorger (Ziel: Erschließung eines Industriegebietes und Bereitstellung des Zugangs für Unternehmen). Die Zielstellung der Kommune unterstellt den dauerhaften Besitz dieser Anteile. Die Bilanzierung erfolgt in der Position „Finanzanlagen".

Wirtschaftlichkeit bei Investitionen[58]

Bevor Investitionen von erheblicher finanzieller Bedeutung beschlossen werden, soll unter mehreren in Betracht kommenden Möglichkeiten durch Vergleich der Anschaffungs- oder Herstellungskosten und der Folgekosten die für die Gemeinde wirtschaftlichste Lösung ermittelt werden.

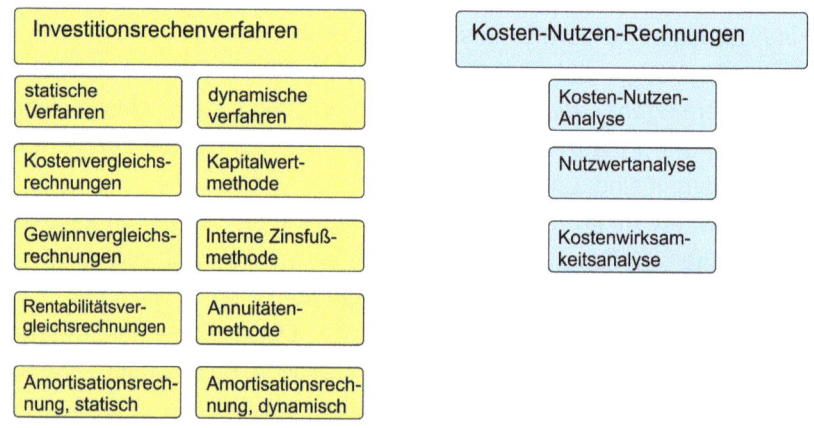

Abb. 18: Wirtschaftlichkeitsrechnungen (eigene Darstellung)

Bei den Wirtschaftlichkeitsberechnungen werden quantitative Daten zu Grunde gelegt, aber auch qualitative Daten. Bei der Berücksichtigung qualitativer Faktoren (z. B.. bei Nutzwertanalysen) werden also nicht quantifizierbare Ausgangsdaten in die Rechnung einbezogen, das können z. B. Fragen zur Mitarbeiterzufriedenheit, zur Arbeitssicherheit, u. a. sein. Bei den statischen Verfahren werden einfache Vergleichsrechnungen durchgeführt, neben den Anschaffungskosten, die sich über die Abschreibungen als Folgekosten der gesamten Nutzungsdauer darstellen werden, auch Kosten der laufenden Unterhaltung berücksichtigt. Das sind Kosten, die über die gesamte Nutzungsdauer neben den Abschreibungen anfallen, beispielsweise solche Kosten die im Zusammenhang mit dem Betrieb des

Investivtionsobjektes entstehen (Materialkosten, Hilfs-und Betriebsstoffe, Bedienungspersonal,..). Die Gesamtkosten werden für ein Durchschnittsjahr berechnet und dann mit dem alternativen Objekt verglichen. In der öffentlichen Verwaltung werden Verfahren, die den Gewinn als Kategorie in die Berechnungen einbeziehen, eher nicht angewendet, hier ist das Kostenvergleichsverfahren vorherrschend.

	Alternativen	
	I	II
Anschaffungskosten (€)	81.000	70.800
Restwert nach Ablauf der Nutzungsdauer	8.520	6.200
Nutzungsdauer (Jahre)	8	8
fixe Kosten (außer Abschreibungen) (€/Jahr)	7.200	3.400
Abschreibungen* (€/Jahr)	11.190	9.626
Materialkosten (€/Jahr)	42.970	55.574
Gesamtkosten pro Jahr (€/Jahr)	61.360	68.600
Vorteilhaftigleit nach Kostenvergleich	X	

Abb. 19: Beispiel für eine Kostenvergleichsrechnung

Das Prinzip dieses Verfahrens ist im obigen Beispiel kurz dargestellt. Es wird angenommen, zwei Investitionsalternativen (I und II) stehen zur Auswahl. Deren Ausgangsdaten und die sich daraus ergebenen Kosten sind in der obigen Abbildung dargestellt. Das Ergebnis zeigt eindeutig die relative Vorteilhaftigkeit der Investitionsvariante I aus (* Berechnung der Abschreibung: (AHK + Restwert)/ND).

(81.000 € + 8.520 €)/8 Jahre = 11.190 €/Jahr.

5. Der Haushaltsausgleich

Der Haushaltsausgleich[59] stellt einen wichtigen Haushaltsgrundsatz dar (siehe dort) und wird im Haushaltsrecht des Bundes durch Art. 110 Abs. 1[60] verfassungsrechtlich eingefordert. Das, was für den Ausgleich des kameralen Haushaltes galt (Einzahlungen gleich oder größer Auszahlungen), gilt im gleichen Maße für den doppischen Haushalt. Der Grundsatz des doppischen Haushalts ist der Ausgleich aller Aufwendungen durch Erträge.

Haushaltsausgleich
§ 24 GemHVO

1   Ausgleich des ordentlichen Ergebnisses
(unter Berücksichtigung von Fehlbeträgen
aus Vorjahren...),
oder
pauschale Kürzung der ordentlichen
Aufwendungen um 1%.

2   Ist ein Ausgleich nach (1) nicht möglich, sollen
Mittel aus Überschüssen des Sonderergebnisses
und/oder aus Rücklagen des Sondergebnisses
verwendet werden.

3   Ist der Ausgleich nach (1) und (2) nicht möglich,
kann ein verbleibender Fehlbetrag längstens
in drei folgende Haushaltsjahre vorgetragen
werden (Deckung entsprechend § 25 GemHVO)

Abb. 20: Haushaltsausgleich nach § 24 GemHVO

> **Deckung von Fehlbeträgen...**
> **§ 25 GemHVO**

1   Ein Fehlbetrag beim ordentlichen Ergebnis soll unverzüglich gedeckt werden (§ 24, Absatz 1).

2   Ein nach (1) verbleibender Fehlbetrag ist entsprechend § 24, Absatz 2 zu verrechnen.

3   Ein nach (2) verbleibender Fehlbetrag ist nach drei Jahren mit dem Basikapital zu verrechnen.

...

Abb. 21: Deckung von Fehlbeträgen nach § 25 GemHVO

Neu im NKF ist dabei, dass in den Haushaltsausgleich auch nicht auszahlungswirksame Aufwendungen einbezogen werden müssen. Damit wird im Haushaltsausgleich auch gefordert, dass die bisher lediglich in kostenrechnenden Einheiten verrechneten Abschreibungen (als Werteverlust des Anlagevermögens, siehe dort) und Aufwendungen für Rückstellungen (siehe dort) beim Haushaltsausgleich Berücksichtigung finden müssen. Die Bedingungen für einen Haushaltsausgleich sind als Übersicht in der Abbildung 21 dargestellt.

Einfluss von Abschreibungen und Rückstellungen auf den Haushaltsausgleich

Das neue Haushaltsrecht verlangt den Ausgleich der laufenden Erträge und Aufwendungen in der Ergebnisrechnung. Im Gegensatz zur Kameralistik zählt die Tilgung von Krediten in der Doppik nicht als

Aufwand. Sie beeinflusst damit nicht das Ergebnis, sondern verändert lediglich den Bestand an liquiden Mittel. Im Unterschied zur Kameralistik sind in der Doppik die nichtauszahlungswirksamen Aufwendungen unmittelbarer Bestandteil des Ergebnisses (siehe oben), sie wirken demnach fördernd oder hemmend auf den Haushaltsausgleich.

Wenn unterstellt wird, dass die zahlungswirksamen Einnahmen und die doppischen ordentlichen Erträge, zumindest die aus laufender Verwaltungstätigkeit, gleich groß sind, dann bedeutet das, dass die Aufwendungen (einschließlich nichtauszahlungswirksamer) maßgeblichen Anteil am Haushaltsausgleich haben. Der Einfluss der nichtauszahlungswirksamen Abschreibungen auf den Haushaltsausgleich (im Vergleich zur Kameralistik) ist abhängig von der Höhe der planmäßigen Tilgungen: Sind die Tilgungsbeträge höher als die planmäßigen Abschreibungen, ist ein doppischer Ausgleich leichter möglich als umgekehrt. Werden die nichtauszahlungswirksamen Aufwendungen um die Einstellungen in langfristige Rückstellungen ergänzt, so kann bezüglich des Einflusses auf einen ausgeglichenen Haushalt festgestellt werden:

- der Haushaltsausgleich hängt ab von der Finanzierungsstruktur (also vom Anteil des Fremdkapitals am Gesamtkapital, Zinsen),
- der Haushaltsausgleich ist abhängig von der Restlaufzeit der aufgenommenen Kredite,
- der Haushaltsausgleich ist abhängig vom Anteil des abzuschreibenden Vermögens,
- der Haushaltsausgleich ist abhängig vom durchschnittlichen Abschreibungssatz.

Praxistipp Abschreibungen:

In den kommunalen Verwaltungen Baden-Württembergs wurden Entscheidungen getroffen, deren Auswirkungen jetzt mit eventuellen Problemen des Ausgleiches sichtbar werden. U. a. haben die Festlegungen zur »betriebsgewöhnlichen Nutzungsdauer« erheblichen Einfluss auf die Vermögenswerte der Eröffnungsbilanz und den Haushaltsausgleich der folgenden Haushaltsjahre.

Praxistipp:

Bei Fremdfinanzierung eines Anlagegutes sollte auf kongruente Laufzeiten geachtet werden. Diese Form der Finanzierung (Nutzungsdauer = Laufzeit des Darlehensvertrages) entspricht der finanzwirtschaftlich wichtigen „goldene Finanzierungsregel". In vollständiger Form lautet diese: Anlagegüter sollten mit Eigenkapital und laufzeitkongruentem Fremdkapital finanziert werden.

Die Vermögensgegenstände, die keiner Abnutzung unterliegen (Grundstücke, Finanzanlagen, u. U. Kunstgegenstände) verursachen keinen Abschreibungsaufwand. Sind diese in der Anschaffung durch Kredite finanziert, so haben nur die Tilgungen (Einfluss auf den Finanzhaushalt) und die auf die Kredite zu zahlenden Fremdkapitalzinsen (Aufwand im Ergebnishaushalt) Auswirkungen auf den Haushaltsausgleich der Gemeinde.

Die Vermögensstruktur beeinflusst ganz wesentlich die Höhe der Abschreibungen. Es sind nur solche Wirtschaftsgüter planmäßig abzuschreiben, die im Verlaufe ihrer Nutzung einer Wertminderung unterliegen (s. o.). Je höher der Anteil an nicht abnutzbares Vermögen, desto niedriger fallen die Abschreibungen aus, der Haushaltsausgleich wird erleichtert.

Die Vermögens- und Schuldenstruktur wird von den folgenden Faktoren (siehe auch oben) beeinflusst:

* Umfang, Alter, Restwert, Restnutzungsdauer,
* Anteil der Vermögensgegenstände, die über Leasingverträge (siehe dort) „angeschafft" wurden,
* die Schuldenstruktur: Höhe der geplanten Tilgungen, Kreditlaufzeiten, Wahl der Darlehensform.

Der durchschnittliche Abschreibungssatz richtet sich nach der Struktur des Anlagevermögens. Vermögensgegenstände, wie Gebäude und Infrastrukturvermögen haben eine längere Nutzungsdauer, und damit einen jährlich niedrigeren Abschreibungsbetrag, als technische Anlagen und Maschinen, BGA (Betriebs- und Geschäftsausstattung) und Fuhrpark.

Rückstellungen

Der Einfluss der Zuführung zu langfristigen Rückstellungen ist bei der Untersuchung der Möglichkeiten eines erschwerten Haushaltsausgleichs ebenfalls zu berücksichtigen. Hier muss bei der Haushaltsplanung auf die Relation zwischen Zuführungen zu Rückstellungen (Aufwand) und Auflösung von Rückstellungen (erfolgsneutral) unterschieden werden. Veranschlagung und Erwirtschaftung von Pensionsansprüchen: In Baden-Württemberg besteht für die Kommunen ein Bilanzierungsverbot von Pensionsrückstellungen (einschl. Beihilferückstellungen) in der Vermögensrechnung der Kommune: Pensionsrückstellungen werden zentral beim Kommunalen Versorgungsverband Baden-Württemberg gebildet (§ 27 Abs. 5 GKV); eine zusätzliche Bildung von Pensionsrückstellungen in der Vermögensrechnung der Kommune ist daher nicht zulässig (§ 41 Abs. 2 Satz 2 GemHVO). Pensionsrückstellungen umfassen auch Rückstellungen für Beihilfen an Pensionäre.

Danach werden die Umlagezahlungen an den KVBW für die Kommunen (einmalig) erhöht, die Beamtinnen und Beamte an andere Kommunen in Baden-Württemberg abgeben. Die aufnehmenden Kommunen erhalten in gleicher Höhe entsprechende Beträge, die die Umlagezahlungen (einmalig) vermindern. Diese Minder- und Mehrbeträge für den Versorgungslastenausgleich im Rahmen der Umlagezahlungen sind **als ordentliche Aufwendungen** auszuweisen. Da Rückstellungen für spätere Pensionslasten nach § 41 Absatz 2 Satz 2 GemHVO i.V. m. § 27 Absatz 5 GKV BW ausschließlich vom KVBW für alle Kommunen gebildet werden, sind eigene Rückstellungen nicht zulässig.

Langfristige Rückstellungen (bspw. für Altlastensanierungen)

Dadurch dass sie bereits in der Eröffnungsbilanz passiviert worden sind, beeinflussen diese Anfangsbestände die Ergebnisse der folgenden Verwaltungsjahren nicht.

Werden in den Folgejahren Teile des Rückstellungsbestandes in Anspruch genommen, dann hat dieser Geschäftsfall keine Auswirkungen auf den Jahresüberschuss/Jahresfehlbetrag. Durch Zahlungsleistungen wird lediglich die Liquidität belastet, das hat Auswirkungen auf den Finanzplan folgender Haushaltsjahre.

6. Anlagen zum Haushaltsplan

Dem Haushaltsplan sind Anlagen beizufügen.

Vorbericht:

Darstellung der wesentlichen **Ziele und Strategien** der Kommune unter Einbeziehung der Ergebnisse des Vorjahres. Dabei können sich die Ziele auf Leistungs- oder Finanzkennzahlen des Haushaltes (Verschuldung, Liquidität, Investitionsquote,...) oder eines Produktes (Bearbeitungsdauer, Aufwand ...) beziehen (siehe auch vorn).

Das **Haushaltsstrukturkonzept**, wenn ein solches erstellt werden muss. Es entspricht der Nachtragssatzung bei kameraler Buchführung.

Ziel und Inhalt eines solchen Haushaltsstrukturkonzeptes sind:
Der Ausgleich des ordentlichen Ergebnisses und Deckung der Fehlbeträge aus Vorjahren.

Bei der Festlegung von Maßnahmen zur Verringerung der nichtzahlungswirksamen Aufwendungen, insbesondere der Abschreibungen, ist zu berücksichtigen, dass die nicht durch Erträge gedeckten Abschreibungen nur bedingt beeinflussbar sind. Die Investitionen, die getätigt wurden, insbesondere die des Infrastrukturvermögens, stellen feste Größen dar, die sich nur in sehr engen Grenzen beeinflussen lassen. Allerdings muss im Rahmen eines Haushaltsstrukturkonzeptes geprüft werden, inwieweit abnutzbare Vermögensgegenstände für die Aufgabenerfüllung der Kommune künftig noch erforderlich sind.

Praxisbeispiel:

Eine Gemeinde in einer strukturschwachen Region verfügt über zwei Schulgebäude für Grundschulen, die beide Anfang der Neunzigerjahre umfangreich saniert wurden sowie über ein gut ausgebautes Straßennetz von ca. 70 km. Es ist bereits heute absehbar, dass eine der beiden Schulen in den nächsten 4-5 Jahren geschlossen werden muss, weil nicht genügend Schulanfänger im Einzugsgebiet erwartet werden.

Es sollte eines der Schulgebäude verkauft oder vermietet werden. Gleichzeitig ist zu prüfen, ob das vorhandene Straßennetz in diesem Falle noch benötigt wird.

Das Ressourcenverbrauchskonzept gebietet nicht den Vermögenserhalt um jeden Preis, sondern eine an die demographische Entwicklung der Region angepasste Entwicklung, die auch eine Verringerung des Basiskapitals einschließen kann (Basiskapital gleich Summe Vermögen abzüglich Summe Schulden). Im obigen Beispiel, wenn unterstellt wird, dass das Gebäude veräußert werden kann, würden für die Restlaufzeit der Gebäude keine Abschreibungen mehr anfallen, für das nicht mehr benötigte Straßennetz könnten zukünftig eventuell die Kosten für Instandsetzungsmaßnahmen teilweise eingespart werden.

Weitere Bestandteile des Vorberichtes:

Eine Übersicht der in den folgenden Jahren voraussichtlich **fällig werdenden Auszahlungen (Basis Verpflichtungsermächtigungen).**

Eine Übersicht über den Stand der **Verbindlichkeiten (ohne Kassenkredite)**, einschließlich der Verpflichtungen aus Bürgschaften, Gewährverträgen unter ihnen wirtschaftlich gleichkommenden Rechtsgeschäfte sowie eine Übersicht über den voraussichtlichen Stand der Rückstellungen und Rücklagen.

Eine **Übersicht** über die im Ergebnishaushalt zu veranschlagenden **Instandhaltung und Instandsetzungsmaßnahmen** von erheblichem Umfang.

Die **Wirtschaftspläne** und neuesten Jahresabschlüsse der Sondervermögen, für die Sonderrechnungen durchgeführt werden.

Die **Wirtschaftspläne** und die neuesten geprüften Jahresabschlüsse der Unternehmen und Einrichtungen mit eigener Rechtspersönlichkeit, an denen die Gemeinde mit mehr als 20% beteiligt ist. Ersatzweise können kurz gefasste Übersichten über die Wirtschaftslage und die voraussichtliche Entwicklung der Unternehmen und Einrichtungen angefügt werden.

Dem Haushaltsplan sind eine **Übersicht über die Zuordnung der Produktbereiche und Produktgruppen zu den Teilhaushalten** sowie Übersichten über die Zuordnung der Erträge und Aufwendungen des Ergebnishaushalts zu den vorgegebenen Produktrahmen als Anlage beizufügen. Der Produktrahmen Baden-Württemberg enthält 21 Produktbereiche, 100 Produktgruppen und 481 Produkte.[61] Weiterhin soll der Vorbericht eine **Übersicht** über die **festgestellten Fehlbeträge** der vergangenen Haushaltsjahre und deren Deckung enthalten.

7. Budgetierung

Ein Budget ist definiert als Bewirtschaftungseinheit. Dabei umfasst das Budget die gesamten Ressourcen, die einem Fachbereich oder einer anderen Organisationseinheit für ein Haushaltsjahr für die Erfüllung ihrer Aufgaben zur Verfügung stehen.

Ein Budget muss jeweils einem Verantwortungsbereich zugeordnet werden. Aus der Anzahl und Erstellung von Verantwortlichen einer Verwaltung lassen sich so auch Rückschlüsse auf die zu bildenden Budgets ziehen. Eine Bewirtschaftungseinheit sollte die Mittel umfassen, die gemeinsam bewirtschaftet werden.

Jeder Teilhaushalt muss in Baden-Württemberg (§ 4 Abs. 2 GemHVO-Doppik) mindestens aus einer Bewirtschaftungseinheit (Budget) bestehen. Die Budgets sind jeweils einem Verantwortungsbereich zuzuordnen.

Für die kommunalen Gebietskörperschaften wird das Gesamtbudget durch den Haushalt dargestellt. Die Bildung der Budgetebenen orientiert sich z.B. an der jeweils geltenden Verantwortlichkeitshierarchie.

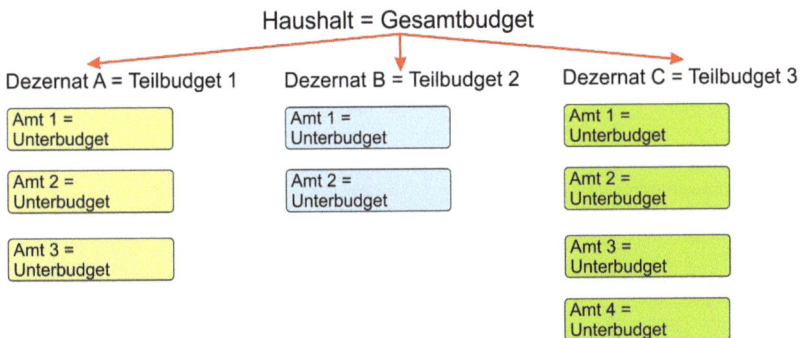

Abb. 22: Budgetbildung nach Verantwortungsbereichen

Die obige Abbildung zeigt die Möglichkeiten, ähnlich wie bei der Gliederung des Haushaltsplanes, Budgets zu gliedern[62]. Im Vordergrund der Budgetbildung muss die Steuerung der Organisationen und der eingesetzten Ressourcen stehen.

Deshalb ist bei der Budgetbildung zu prüfen:

- die Ebene der Budgetbildung,
- die Abgrenzung des gebildeten Budgets,
- der Detaillierungsgrad des Budgets,
- die Verbindlichkeit des Budgets und die Flexibilität des Budgets.

Dabei ist es möglich, ein Budget einem Produktbereich, einer Produktgruppe, einem Amt oder aber einer gesamten Kostenstelle zuzuordnen. Die unten aufgeführte Grafik zeigt an einem Beispiel eine mögliche Zuordnung eines Teilhaushaltes (Beispiel Kulturamt) als Budget auszuweisen, als auch eine diesem Teilhaushalt angehörige Produktgruppe als Budgeteinheit festzulegen[63].

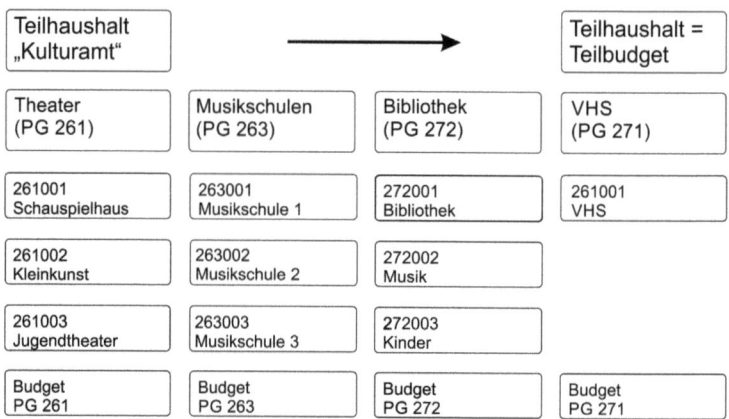

Abb. 23: Möglichkeit der Budgetbildung (Beispiel)

Vorteile der Budgetierung, das sind klare Zielformulierungen und damit eine erhöhte Messbarkeit der Erreichung von Zielen:

- Budgetierung ermöglicht die vertikal, horizontal und zeitliche Koordination der unterschiedlichen Teile/Bereiche von Kommunen,
- Budgetierung verlangt Wahrscheinlichkeitsüberlegungen und erhöht die Qualität der Entscheidungen für das aktuelle Haushaltsjahr sowie für zukünftige Haushaltsjahre,
- Budgetierung erhöht die Flexibilität sowie Anpassungs- und Reaktionsfähigkeit,
- Budgetierung ermöglicht die Delegation von Verantwortung an Entscheidungsträger,
- Budgetierung dient durch die Vorgabe von Zielen als Instrument zur Motivation aller Mitarbeiter einer Verwaltungseinheit.

Im doppischen Haushalt ist es möglich Budgetreste ganz oder teilweise für übertragbar zu erklären oder eine Übertragung auf Antrag zu gewähren (§ 19 Abs. 2 GemHVO-Doppik). Die Ansätze bleiben dann bis zum Ende des nächsten Haushaltsjahres verfügbar. Dies drückt den Gedanken der Flexibilisierung (siehe oben) der Haushaltswirtschaft aus und bietet dem Budget-Verantwortlichen die Möglichkeit, den Budgetgedanken auch über die Begrenztheit des Haushaltsjahres hinaus zu verfolgen, um langfristige strategische Ziele erreichen zu können. Allerdings findet die Übertragbarkeit ihre Grenzen im Grundsatz der Gesamtdeckung (sieh oben).

Im Zusammenhang mit der Deckungsfähigkeit stellt die Budgetierung ein Instrument für die flexible Gestaltung der Mittelbewirtschaftung dar, weil über die Budgetgrenzen hinaus, finanzielle Mittel verwendet werden können. Dies ist immer dann denkbar, wenn die Aufwendungen oder Auszahlungen in einem sachlichen Zusammenhang stehen.

Praxisbeispiel:

Wenn zum Beispiel aufgrund von Einsparungen von Sachkosten eine Kommune Geld des Ergebnishaushaltes im Budget Kindergarten für Investitionen in einen Anbau eines Kindergartens durch Deckungsfähigkeit investiert, wird langfristig der Teil des Ergebnishaushaltes im Budget Kindergarten stärker belastet, denn das Gebäude verursacht Abschreibungsaufwand. Es kann weiterhin zusätzlicher Aufwand, zusätzliche Personalkosten und Betriebskosten für den Anbau entstehen. Das kann dem strategischen Ziel der Gemeinde, die Kinderbetreuungsmöglichkeiten zu verbessern, entsprechen, bedeutet aber auch das in den folgenden Haushaltsjahren das Teilergebnis belastet wird.

Ebenso können die Aufwendungen für Sach- und Personalleistungen im Ergebnishaushalt zu Gunsten von Investitionen innerhalb desselben Budgets für deckungsfähig erklärt werden, um eine höhere Investitionsquote zu erzielen. Bei der Umwandlung von zahlungswirksamen Aufwendungen des Ergebnishaushaltes eines Budgets in Investitionsmittel des Finanzhaushaltes muss aber beachtet werden, dass Investitionen in der Regel in den Folgejahren zu höheren Aufwendungen im Ergebnishaushalt führen (Abschreibungen auf investierte Gegenstände des Anlagevermögens sowie weitere Folgekosten).

Durch die Dezentralisierung der Finanzverantwortung ist der Fachbedienstete für das Finanzwesen nicht mehr für alle den Haushalt beeinflussende finanzwirtschaftliche Vorgänge zuständig. Ihm obliegt im neuen kommunalen Haushalts- und Rechnungswesen die Aufgabe, die einzelnen Budgets in ihrer Gesamtheit und in ihrem Zusammenspiel zu überwachen und die Berichtspflicht der einzelne Budgetverantwortlichen zu koordinieren.

Praxisbeispiel:

Der/Die Kämmerer/in hat keine Entscheidungsbefugnis mehr, wenn es um die Überschreitung der Ansätze für einzelne Produkte oder Leistungen geht. Dies ist dann Aufgabe des Budgetverantwortlichen, in dessen Verantwortungsbereich das Produkt/die Leistung gehört. Der/Die Kämmerer/in erhält regelmäßige Berichte von dem Budgetverantwortlichen über die Entwicklung des jeweiligen Budgets. Das ermöglicht ein rechtzeitiges Eingreifen/Steuern durch die zentrale Verwaltung einer Gemeinde.

Durch das neue kommunale Haushalts- und Rechnungswesen haben Kennzahlen zur Analyse der Haushaltslage sehr stark an Bedeutung gewonnen. Diese Tatsache ist vor allem dem Umstand geschuldet, dass aus der Bilanzanalyse der Privatwirtschaft viele Kennzahlen und Kennzahlensysteme bekannt sind. Inwieweit diese geeignet sind für die Beurteilung der Haushaltslage einer Gemeinde, wird sich erst in zukünftigen Perioden erweisen.

Dennoch sind für die Budgetkontrolle Steuerungskennzahlen unerlässlich[64]. Diese Kennzahlen beziehen sich weniger auf die Analyse des Gesamtergebnisses oder der Schlussbilanz einer Gemeinde, sondern vielmehr auf die innerhalb des Budgets erbrachten Leistungen, deren Qualität, deren Kosten oder Inanspruchnahme anderer Ressourcen. Darüber hinaus werden allgemeine Leistungskennzahlen zur Steuerung benötigt.

8. Steuerung des Haushaltsausgleichs

Senkung von Aufwendungen[65]

Die öffentlichen Haushalte sind von Faktoren abhängig, die nicht durch die Verwaltung beeinflusst werden können. Die Notwendigkeit zur Übernahme neuer Aufgaben oder der Wegfall von Einnahmen kann zu Deckungslücken in den öffentlichen Haushalten führen. Damit stellt sich zwangsläufig die Frage nach den Möglichkeiten der Kostensenkung.

Die nachfolgend beschriebenen Verfahren sind zum Einsatz in der öffentlichen Verwaltung geeignet. Sie werden an dieser Stelle lediglich aufgeführt, sie sollen aufzeigen, dass es eine Reihe von Instrumentarien gibt, die die Gemeinden bei einer Kostensenkung unterstützen könnten.

Personalbedarfsberechnung auf der Grundlage der Prozesskostenrechnung

Die Personalbedarfsberechnung zielt auf die Bestimmung des notwendigen Personalbestandes für die Realisierung von Verwaltungsprozessen. Erst der Nachweis eines Personalüberhangs kann in der weiteren Konsequenz zur Reduzierung von Personalkosten führen.

Gemeinkostenwertanalyse (GWA)

Die Gemeinkostenwertanalyse verfolgt flächendeckend ehrgeizige Ziele. Intern nutzlose oder wenig nützliche Leistungen sollen eingestellt werden.

Bei der GWA wird von Einsparerfolgen in Höhe von 10 - 20 % der ursprünglichen Kosten berichtet. Da das Verfahren alle Leistungen erfasst und zu jeder Leistung Aussagen trifft (Dauer, Kosten, Leistungsempfänger, Grad der Notwendigkeit), erfolgt eine hohe zeitliche Bindung von Führungskräften. Gleiches gilt für das Projektteam und die Verwaltungsspitze, da über jede dieser Leistungen Entscheidungen zu treffen sind.

Aufgabenkritik

Bei der Aufgabenkritik gehen viele Städte im Grundsatz ähnlich vor, sie hat das Ziel die Haushaltskonsolidierung zu Lasten anderer Ziele zu erreichen.

Prozessoptimierung/Kontinuierlicher Verbesserungsprozess (KVP)

Mit diesem Instrument sollen laufend viele kleine Verbesserungen die Abläufe optimieren und vergünstigen. Die Verfahren des KVP sind je Behörde unterschiedlich.

Kosteneinsparung durch Vergabe von Leistungen an Dritte

Wenn es darum geht ausgewählte Leistungen nicht mehr bzw. nicht mehr im vollen Umfang auszuführen, mit dem Ziel Aufwendungen zu reduzieren, muss zunächst einmal festgestellt werden, bei welchen Aufgaben[66] der Kommune das möglich ist.

Selbstverwirklichung (Eigener Wirkungskreis)		Staatliche Aufgaben (Übertragender Wirkungskreis)	
Freiwillige Aufgaben	Pflichtaufgaben ohne Weisung	Pflichtaufgaben mit Weisung (Aufgaben wahrnehmung für den BUND)	Auftragsangelegen- heiten (unterste Ebene der Landesverwaltung)
Entscheidung über „ob und wie"	Entscheidung über „wie"	kein Spielraum	kein Spielraum
Kulturelle Angelegen- heiten (Bücherei, Theater, Museum,..)	Abwasser, Strom- und Gas- und Wasserver- sorgung, Müllabfuhr ...	Ausweise, Zivilschutz	Baugenehmigungen, Wahlen
Unterliegen der Rechtsaufsicht		Unterliegen der Rechts- und Fachaufsicht	
Politische Gestaltungsaufgaben Entscheidungen des Gemeinderates, abhängig von vorhandenen Ressourcen		Ausführung staatlicher Aufgaben durch den Bürgermeister	

Abb. 24: Aufgaben der Kommunen (eigene Darstellung)

Eigenleistung oder Fremdleistung

Die Kostenrechnung erlaubt es, zu entscheiden, ob eine Leistung, die die Kommune erbringt, durch einen Dritten erbracht werden kann. Wenn, dann die Kosten, die für diese Fremdleistung entstehen kleiner sind, als bei eigener Erstellung, dann sollte die Leistung an Dritte vergeben werden. Voraussetzung für diese Entscheidung ist es, die kostenrechnerische Vorteilhaftigkeit einer solchen Vergabe zu prüfen. Das wiederum ist nur bei einer funktionstüchtigen Kostenrechnung möglich.

Outsourcing

Outsourcing beschreibt das Auslagern von kommunalen Aufgaben und Diensten aus der Kommunalverwaltung. Die von der Kommune bisher selbst in eigener Kostenverantwortung übernommenen Aufgaben werden von einem Dritten im Auftragsverhältnis gegen Entgelt übernommen. Durch die Ausgliederung von Aufgaben werden von der Kommune in erster Linie Kosteneinsparungen angestrebt. Der Auslagerung sollte eine kostenrechnerische Überprüfung im Sinne „Eigenfertigung/Fremdbezug" (siehe oben) durchgeführt worden sein.

Beide Möglichkeiten sind jedoch nur für solche Aufgaben der Kommune realisierbar, die auch fremdvergeben oder ausgelagert werden dürfen (siehe Abb. 24).

Abweichungsanalyse in der Plankostenrechnung (siehe auch dort):

Praxistipp:

Sie müssen nicht wissen, in welcher Form die jeweiligen Abweichungen gerechnet werden. Sie sollten aber wissen, dass es solche Instrumente gibt. Ihre Aufgabe besteht darin, wenn Abweichungen im erheblichen Maß (wobei dieses Maß innerhalb der Verwaltung und des Rates definiert sein muss) vorliegen, zu hinterfragen, welche Ursachen zu diesen Abweichungen führten und ggf. sich die Frage beantworten zu lassen: Wer trägt die Verantwortung für diese Abweichung?

Die Abweichungsanalyse schließt sich i.d.R. an einen Soll-Ist-Vergleich an und dient der Wirtschaftlichkeitskontrolle. Dabei werden sowohl die Abweichungen zwischen den geplanten Größen (Kosten und Leistungen) und den tatsächlich angefallenen Größen, als auch die Ursachen der festgestellten Abweichungen ermittelt. Auf der Grundlage der gewonnenen Erkenntnisse können entsprechende Maßnahmen zur Beseitigung der Abweichungen eingeleitet werden. Damit stellt die Abweichungsanalyse ein wichtiges Instrument im Planungs-, Entscheidungs- und Steuerungsprozess dar und ist unverzichtbarer Bestandteil sowohl des operativen, als auch des strategischen Controlling. Dabei sind es nicht nur Abweichungen der Ist-Größen von den Soll-Größen im Sinne bspw. mehr verbrauchter Ressourcen interessant. Sie sollten auch hinterfragen, welche Sicherheit, die der Planung zu Grunde liegenden Datenbestände besitzen. Es können natürlich auch in der Planungsphase Fehler gemacht worden sein, die durch eine solche Abweichungsanalyse aufgedeckt werden können.

Verkauf von Gegenständen des Anlagevermögens

Weiter oben (Haushaltsstrukturkonzept) wurde bereits darauf hingewiesen, die Abschreibungen dadurch zu verringern, dass nicht benötigte Gegenstände des Anlagevermögens veräußert werden sollten. Zusätzliche Erträge werden hierbei jedoch nur dann erzielt, wenn die Verkaufserlöse größer sind, als der Buchwert des jeweiligen Vermögensgegenstandes.

Praxisbeispiel:

Die Gemeinde A hat in ihrem Bestand eine nicht mehr genutzte technische Anlage mit einem Buchwert (Anschaffungskosten minus kumulierte Abschreibungen) von 12.000 €. Die Anlage wird verkauft. Der Verkaufserlös beläuft sich auf 15.000 €. Der Restbuchwert muss buchhalterisch als Aufwand erfasst werden, der Verkaufserlös als Ertrag. Aus diesem Geschäft resultiert eine Ergebnisverbesserung von 3.000 € (15.000 € minus 12.000 €).

Soll	Erfolgskonto 01		Haben
...	...		
Abschreibung Restbuchwert	12.000	Verkaufserlös	15.000
Überschuss	3.000	...	

Ist die Anlage bereits abgeschrieben und stände mit einem Erinnerungswert von 1 € in den Büchern, so wäre im obigen Fall ein Ertrag von 14.999 € zu verbuchen.

Der Verkauf eines Gegenstandes des abnutzbaren Anlagevermögens unter dem Buchwert führt zur Verschlechterung des Ergebnisses. Allerdings kämen in der Zukunft (bei bestehender Restnutzungsdauer) keine Abschreibungen als Aufwand hinzu. Es wäre also zu prüfen, inwieweit die fehlenden Abschreibungsbeträge auf die Haushaltsausgleiche zukünftiger Verwaltungsjahre wirken.

Festlegung der Nutzungsdauer[67]

In vielen Kommunen Baden-Württembergs sind die Nutzungsdauern zeitlich weit vor dem ersten doppischen Haushalt festgelegt worden. In der Eröffnungsbilanz und im ersten doppischen Haushalt werden die Auswirkungen der Entscheidung sichtbar. Wurde bspw. die längst mögliche Nutzungsdauer festgelegt, bedeutet das für die Eröffnungsbilanz, einen höheren Wertansatz der

Vermögensgegenstände und damit ein höheres Eigenkapital, im Haushalt sind höhere Abschreibungen (Aufwand) auszuweisen (gegenüber dem Ansatz von kürzeren Nutzungsdauern).

Wertansatz von aktivierten Eigenleistungen

Die Entscheidung zur Bestimmung des Wertansatzes bei durch die Kommune selbst hergestellten Anlagegütern liegt ebenfalls zeitlich vor dem 01.01. 2020, so dass die Konsequenzen dieser Entscheidung in der Eröffnungsbilanz und im ersten Ergebnishaushalt sichtbar werden (siehe auch A: Grundlagen).

Forderungsmanagement und Kreditorenbuchhaltung

Mit diesen Instrumenten des Rechnungswesens soll in erster Linie die Liquidität der Kommune abgesichert werden. Die fristgemäße Einziehung von Forderungen sichert dieses Ziel. Die gesetzlich und vertraglich geregelten Sachverhalte, bei verspäteter Zahlung durch den Schuldner, Mahngebühren und Verzugszinsen einzufordern, müssen konsequent ausgenutzt werden. Es darf nicht so sein, wie es im Jahresbericht 2017 des sächsischen Rechnungshofes dargestellt wurde, wurden 55.000 Bußgeldbescheide, die entsprechenden Einnahmeverluste sollen sich auf 2 Mio. € belaufen.

Bei der Überwachung der Lieferantenrechnungen sind die vereinbarten Skontierungsmöglichkeiten zu prüfen. Sollten ablauforganisatorische Regelungen, den Belegdurchlauf so beeinflussen, dass bei Zahlung der Rechnung die Skontofrist überschritten ist, sind Maßnahmen zu fordern, die die Belegdurchlaufzeit so beeinflussen, dass ein korrekter Skontoabzug möglich ist.

Abbildungsverzeichnis: Teil B

C: Produktkalkulation

1. Grundbegriffe der Kostenrechnung

"Als Grundlage für die Verwaltungssteuerung sowie für die Beurteilung der Wirtschaftlichkeit und Leistungsfähigkeit der Verwaltung sollen für alle Aufgabenbereiche nach den örtlichen Bedürfnissen Kosten- und Leistungsrechnungen[68] geführt werden. Die Kosten sind aus der Buchführung nachprüfbar herzuleiten."

Aufgaben der Kostenrechnung

a) Ermittlung der Gesamtkosten einer Verwaltungsperiode,

b) Ermittlung der Selbstkosten einer Erzeugniseinheit (eines Produktes), damit Instrument der "Preisbildung" (Gebührenkalkulation, interne Leistungsverrechnung, Budgetierung ...),

c) Ermittlung der Deckungsbeiträge auf der Basis der Teilkostenrechnung,

d) Kontrolle der Wirtschaftlichkeit in den Kostenstellen der Verwaltungseinheiten,

e) Schaffung von Grundlagen zur Bewertung von selbsterstellten Leistungen (Aktivierte Eigenleistungen),

f) Bereitstellung von Daten für die Plankostenrechnung,

g) Schaffung einer besseren Kosten-Transparenz.

Praxisbeispiel:

Über die Kostenrechnung wird es möglich sein, zu entscheiden: Sind die Kosten der Verwaltungseinrichtung A bezogen auf den ökonomischen Nutzen zu hoch oder angemessen (Betriebsvergleich mit Verwaltungseinrichtung B, C,...) und wie können sie optimiert werden, oder wie kann das Verhältnis Kosten zu Einnahmen verbessert werden? Welche Verwaltungskosten entfallen bei Ausgliederung oder Privatisierung von Verwaltungseinheiten? Wie hoch sind die Museumskosten pro Besucher?

Wie viel kostet die Bearbeitung einer Gewerbesteuererklärung?
Wie hoch sind die Kosten einer bestimmten Abteilung oder Leitungsebene in einer Verwaltungseinheit?

Mithilfe der Kosten kann also der Ressourcenverbrauch und die Bewertung der dadurch entstandenen Güter und Dienstleistungen dokumentiert werden. Das ist deshalb wichtig, weil die Kostenrechnung nicht nur die Kalkulation von kommunalen Produkten als Ziel hat (eine der Aufgaben), sondern sie ist auch ein Instrument der Kontrolle der Wirtschaftlichkeit[69] einer kommunalen Verwaltung. Die Wirtschaftlichkeit selbst ist definiert als Beziehung zwischen Nutzen (Ertrag) und Mitteleinsatz (Aufwand).

$$\text{Wirtschaftlichkeit (\%)} = \frac{\text{Ertrag}}{\text{Aufwand}} \times 100$$

Abb. 1: Berechnung der Kennzahl "Wirtschaftlichkeit"

Aus der Aufgabenstellung (s. o.) lassen sich vier Stufen der Kostenrechnung ableiten:[70]

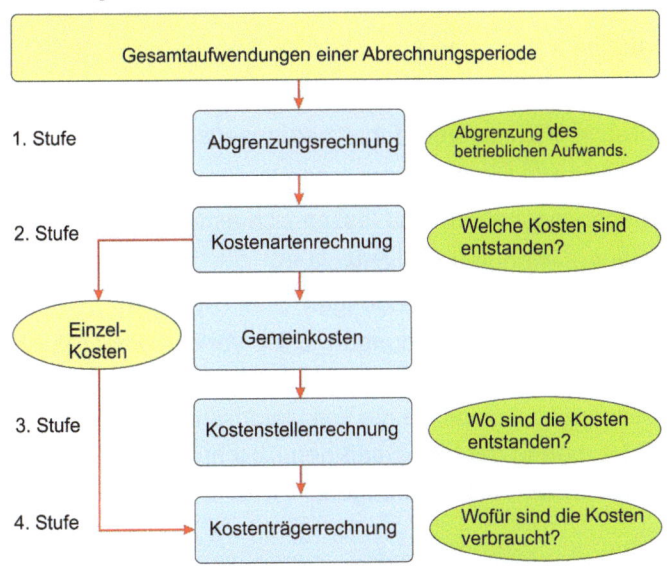

Abb. 2: Stufen der Kostenrechnung

2. Kostenartenrechnung

2.1   Aufgaben der Kostenartenrechnung

Vollständige Erfassung der Kosten innerhalb einer Abrechnungsperiode für :

Die Vorkalkulation (Haushaltsplanung),

die Nachkalkulation (Jahresabschluss),

die Kostenkontrolle,

die Ergebnisermittlung,

die Abgrenzung Aufwand/Kosten.

Ausgangsdaten für die Kostenartenrechnung werden der Kostenrechnung durch die Geschäftsbuchhaltung bereitgestellt.

Aufwendungen/Kosten nach Gruppierungsplan[71]

- Hauptgruppe 4 "Personalausgaben"

- Hauptgruppe 5 "Sachliche Verwaltungsausgaben"

- Hauptgruppe 6 "Ausgaben für Zuweisungen und Zuschüsse mit

  Ausnahme für Investitionen"

- Hauptgruppe 7 "Baumaßnahmen"

- Hauptgruppe 8 "Sonstige Ausgaben für Investitionen

  und Investitionsförderungsmaßnahmen"

- Hauptgruppe 9 "Besondere Finanzierungsausgaben"

Aufwendungen:[72] Sie umfassen jeden Ressourceneinsatz innerhalb einer Abrechnungsperiode und lassen sich einteilen in:

a) Neutrale Aufwendungen (Nichtkosten)

- verwaltungsfremde Aufwendungen, z. B.: Spenden,

- außerordentliche Aufwendungen, z. B.: Verkauf einer Maschine unter dem Buchwert, hohe Forderungsverluste,

- Aufwendungen, soweit sie die kalkulatorischen Kosten übersteigen, z. B. Mehrbetrag der bilanzmäßigen Abschreibungen gegenüber den kalkulatorischen Abschreibungen,

- periodenfremde Aufwendungen, Aufwendungen, die zwar durch die Verwaltungstätigkeit veranlasst waren, aber einer vergangenen Verwaltungsperiode zuzurechnen sind.

b) Zweckaufwendungen (= Kosten), die zur Erreichung des Verwaltungszieles notwendig sind, z. B. Aufwendungen für Fertigungsmaterial, Gehälter, Instandhaltung, Werbung ...

Für die Kosten gilt als Definition:

Kosten sind der bewertete, verwaltungszielbezogene Verbrauch von Ressourcen einer Abrechnungsperiode.

Verwaltungsbezogenheit liegt dann vor, wenn der Verbrauch von Ressourcen im unmittelbaren Zusammenhang mit der Erreichung von Verwaltungszielen steht (Art und Zeitpunkt).

c) Anderskosten, sind solche Kosten, denen Aufwand im Sinne der Finanzbuchhaltung gegenübersteht, aber in einer anderen Höhe.

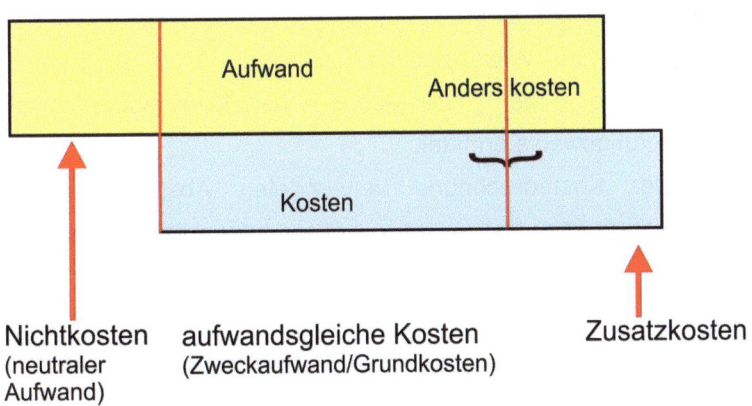

Abb. 3: Abgrenzung Aufwand - Kosten

Einige Aufwendungen können nicht deckungsgleich aus der Finanzbuchhaltung für die Kostenrechnung übernommen werden, weil sie der Forderung nach einer möglichst genauen Erfassung des Ressourcenverbrauchs nicht entsprechen.

Das soll am Beispiel der Abschreibungen deutlich gemacht werden. Die Kommune erwirbt im Jahr 01 einen Pkw. Die Anschaffungskosten betragen 30.000 €, die Nutzungsdauer ist mit 6 Jahren festgelegt, der Pkw soll linear abgeschrieben werden. Wenn der jährliche Abschreibungsbetrag (hier: 5.000 €) über die Jahre der Nutzung tatsächlich zurückgelegt werden würde, dann würden der Kommune nach Ablauf der 6 Jahre 30.000 € für den Erwerb eines neuen Fahrzeuges zur Verfügung stehen. Die Wiederbeschaffungskosten für einen neuen Pkw im Jahre 07 belaufen sich infolge inflationärer Entwicklung auf angenommene 33.000 €. Es fehlen demnach 3.000 €. Wenn nun aber in der Kostenrechnung nicht mit den bilanziellen Abschreibungen kalkuliert würde, sondern mit den Wiederbeschaffungskosten, dann wären am Ende der Nutzungsdauer die angesammelten Abschreibungen gleich den Wiederbeschaffungskosten.

Die Ermittlung der Wiederbeschaffungskosten (hier zu Beginn des Jahres 01) wird in der kostenrechnerischen Praxis über statistische Daten näherungsweise ermittelt.

Die in der Kostenrechnung verwendeten Abschreibungen vom Wiederbeschaffungswert werden als "kalkulatorische Abschreibungen" bezeichnet. Sie ermöglichen im obigen Beispiel eine genauere Kalkulation der tatsächlichen Kosten. Es ergeben sich demnach Unterschiede zwischen der Aufwandgröße "bilanzielle Abschreibungen" und der in der Kostenrechnung verwendeten "kalkulatorischen Abschreibungen" – also Anderskosten. Neben den kalkulatorischen Abschreibungen können in der Kostenrechnung auch kalkulatorische Zinsen sowie kalkulatorische Wagniskosten zum Ansatz gebracht werden. Der betragsmäßige Unterschied zwischen bilanziellen Aufwand und kalkulatorischen Kosten wird in den Teilergebnisplänen ausgewiesen.

Praxisbeispiel:

Haushaltsplan der Stadt Baden-Baden 2017[73]: Kalkulatorische Kosten (320) Die kalkulatorischen Zinsen für die Verzinsung des Anlagevermögens belaufen sich auf insgesamt 8,7 bzw. 9,1 Millionen €. Diese Position wird nur in den Teilergebnishaushalten dargestellt und beeinflusst nicht das Gesamtergebnis.

Die Abschreibungen werden seit Beginn der Doppik-Einführung häufig als Ursache für einen nicht ausgeglichenen doppischen Haushalt angeführt. Folgende Überlegungen sollten erklären, dass die Summe der Abschreibungen (als Aufwand in der Doppik) während der Nutzungsdauer, den einmaligen Auszahlungen in der Kameralistik entspricht. Zwei Gemeinden (A und B): Die Gemeinde A führt die Doppik in 5 Jahren ein, die Gemeinde B bereits zum Zeitpunkt der Anschaffung des Anlagegutes. Investitionsvolumen und Nutzungsdauer sind in beiden Fällen gleich. Die Abschreibung (in der Doppik) erfolgt linear.

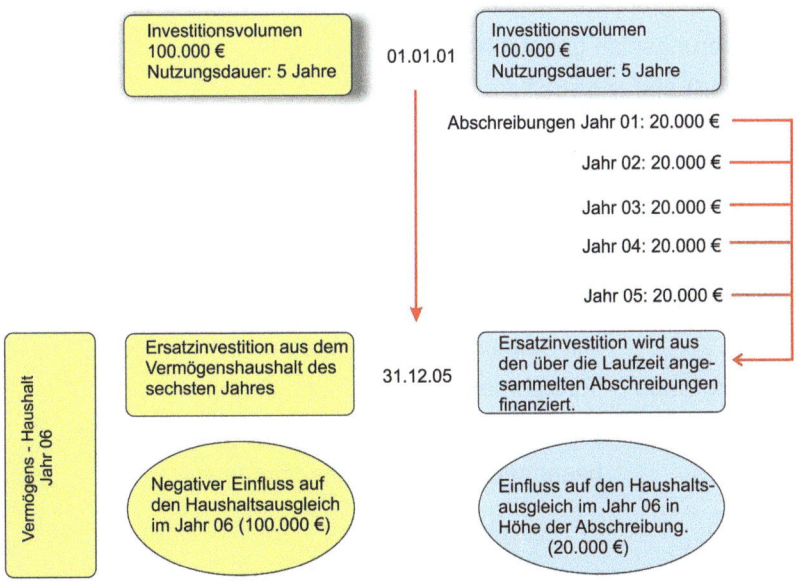

Abb. 5: Investitionen in der Kameralistik vs. Doppik

In der Kameralistik wird der Werteverlust über die Nutzungsdauer nicht
sichtbar. Die Ersatzinvestition wird en bloc aus dem Vermögenshaushalt
finanziert (hier im Jahre 06).
In der Doppik wird der Werteverlust über die Nutzungsdauer sichtbar.
Die Ersatzinvestition wird "scheibchenweise" über die Nutzungsdauer
refinanziert (jährlich 20.000 €, in 5 Jahren: 100.000 €. Sie müssen
jährlich "verdient" werden.
In der Kameralistik mussten aller 5 einmalig 100.000 € "verdient"
werden.

Erträge

In der betriebswirtschaftlichen Literatur wird die Kostenrechnung häufig
als Kosten- und Leistungsrechnung abgehandelt. In der Öffentlichen
Verwaltung ist der Leistungsbegriff ein anderer, als in der klassischen
BWL. In der ÖVw (so auch in dieser Arbeit) wird in Anlehnung an die
Kontenrahmen in den Bundesländern nur mit Erträgen gearbeitet.
Erträge sind als erfolgswirksame Zuflüsse in die Verwaltungseinheit
definiert, unabhängig davon, ob es sich um verwaltungsbedingte
(betriebliche) oder neutrale Wertezuflüsse handelt.

Die Hauptgruppen möglicher Leistungsgliederungen können gemäß
Gruppierungsplan genutzt werden:

Erträge (Leistungen)[74]

- Hauptgruppe 0 "Einnahmen aus Steuern und steuerähnlichen
         Abgaben sowie EU-Eigenmittel"
- Hauptgruppe 1 "Verwaltungseinnahmen, Einnahmen aus
         Schuldendienst und dergleichen"
- Hauptgruppe 2 "Einnahmen aus Zuweisungen und Zuschüssen
         mit Ausnahme für Investitionen"
- Hauptgruppe 3 "Einnahmen aus Schuldenaufnahmen, aus
         Zuweisungen und Zuschüssen für Investitionen,
         besondere Finanzierungseinnahmen"

2.2 Einteilungsmöglichkeiten der Kostenarten

Einteilung nach der Art der verbrauchten Produktionsfaktoren

a) Personalkosten

Die Höhe der Personalkosten einer Abrechnungsperiode kann aus der Finanzbuchhaltung als kostenrechnerische Kategorie übernommen werden. Personalkosten machen in der Öffentlichen Verwaltung einen großen Anteil an den Gesamtkosten aus. Sie sind, werden die Definitionen der Kostenrechnung eng ausgelegt, Gemeinkosten. Allerdings werden in der Öffentlichen Verwaltung Personalkosten in erster Linie für die Erstellung kommunaler Produkte "verbraucht".

Nur wenige Personalkosten (Leitung und Steuerung) der Verwaltungseinheit sind nur schwer mit der Leistungserstellung direkt in Zusammenhang zu bringen.

Deshalb kann für Zwecke der Produktkalkulation eine Einteilung in "Personaleinzelkosten" (mehr oder weniger genau den Produkten zurechenbar) und "Personalgemeinkosten" (den Produkten/Leistungen nur mit einem nicht vertretbaren Aufwand zurechenbar) vorgenommen werden.

b) Sachkosten

Material, Hilfs- und Betriebsstoffe, Abschreibungen

Materialarten

Fertigungsmaterial (Rohstoffe)	Hilfsstoffe Leim, Faerbstoffe, Nägel, Schrauben,...	Betriebsstoffe Schmierstoffe, Energie i. w. S.
↓	↓	↓
Bestandteil der Produkte		kein Bestandteil der Produkte

Abb. 5: Materialarten

c) Kapitalkosten (kalkulatorische Abschreibungen; kalkulatorische Zinsen)

d) Kosten für Dienstleistungen Dritter Transportkosten, Rechts- und Beratungskosten, Kosten für Strom, Wasser, Gas, Telekom, Versicherung, Reisekosten,...

e) Kosten für Steuern, Gebühren und Beiträge.

Einteilung der Kostenarten nach der Verrechnung auf die Kostenträger

Einzelkosten: Sind den Kostenträgern (Produkten) direkt zurechenbar. Z. B.: Fertigungslohn, Fertigungsmaterial, Sondereinzelkosten, Personalkosten von Mitarbeitern im Finanzamt, die nur Einkommensteueranträge bearbeiten, Kosten für die Zeitungsanzeigen im Rahmen des Stadtmarketings, ...

Gemeinkosten: Solche Kosten, deren Zuordnung zu den Kostenträgern nur indirekt möglich ist, z. B.: kalkulatorische Abschreibungen, Miete, Materialgemeinkosten, Sozialkosten, ...

Erst die Trennung der Kosten in Einzelkosten und Gemeinkosten macht eine verursachungsgerechte Verteilung der Kosten auf Verwaltungsbereiche und Kostenträger möglich!

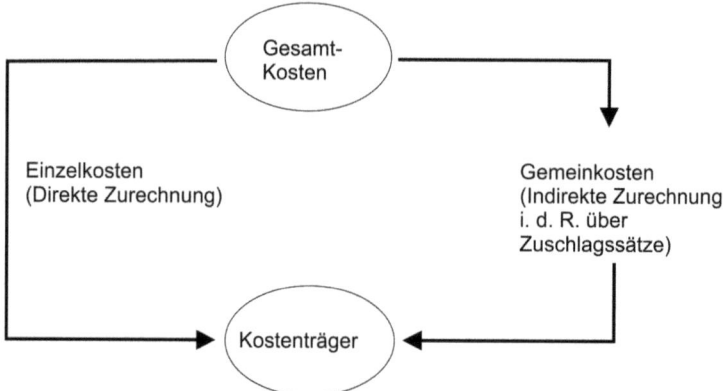

Abb. 6: Kostenarten einzelkosten und Gemeinkosten

Einteilung der Kostenarten nach der Kostenerfassung

Aufwandsgleiche Kosten, also Kosten, die in ihrer Höhe gleich dem Aufwand sind, die aus der Finanzbuchhaltung betragsgleich übernommen werden können.

Zusatzkosten und Anderskosten z. B.:

kalkulatorische Kosten, werden in der Finanzbuchhaltung (FIBU) entweder überhaupt nicht erfasst (Zusatzkosten), oder aber in anderer Höhe (Anderskosten).

Hinweis: Eine weitere Gliederungsmöglichkeit besteht in der Einteilung der Kostenarten nach ihrem Verhalten bei Beschäftigungsänderungen in: fixe und variable Kosten. (siehe dort).

2.3   Erfassung und Bewertung von Kostenarten

a) Personalkosten[75]

Personalkosten für die Produkterstellung werden auftragsbezogen erfasst oder dem Produkt direkt zugerechnet. Die Bewertung erfolgt nach der Besoldungsgruppe (u. U. auf Zeiteinheiten bezogen).

Hilfsmittel sind Arbeitspapiere, Zeiterfassung auf der Grundlage von Selbstaufschreibungen.

b) Erfassen und Bewerten von Material

Skontraktionsmethode	Inventurmethode	Retrograde Methode	Erfassung Verbrauch Material
Erfassung des Materialverbrauchs über Materialentnahmescheine. Genau, aber hoher Aufwand.	Anfangsbestand + Zugänge ./. Schlussbestand = Materialverbrauch	Anzahl der hergestellten Produkte multipliziert mit den Materialeinsatz je Produkteinheit = Materialverbrauch	Eingangsrechnung = Verbrauch Bei kleineren Mengen, häufig auch beim Einkauf von Büromaterial.

Abb. 7: Ermittlung Materialverbrauch

Die Bewertung des Materials erfolgt durch:

- Periodisch oder permanent ermittelte Durchschnittspreise,
- Festpreise, Tagespreise,
- Wiederbeschaffungspreise,
- Verbrauchsfolgebewertung.

Die Verbrauchsfolgebewertung: Fifo (first in - first out), Lifo (last in - first out), wird weniger für die Kostenrechnung, eher für die Bilanzierung (Bewertung von Materialbeständen) bedeutsam).

Praxistipp:

Dem Kunden (intern oder extern) sollte nicht nur der Materialeinkaufspreis in Rechnung gestellt werden, sondern auch ein prozentualer Materialzuschlag, d. h. ein über dem Einkaufspreis liegender Verkaufspreis. Durch den Materialzuschlag wird ein Beitrag zur Deckung der Gesamtkosten für das eingesetzte Material (Beschaffung, Wartung, Lagerung,..) geleistet.

3. Kostenrechnung in der Öffentlichen Verwaltung

3.1   Kostenstellenrechnung

Die Kostenstellenrechnung bildet die zweite Stufe der Kostenrechnung.

Aufgaben der Kostenstellenrechnung:

Sie übernimmt die Kostenarten aus der laufenden Buchhaltung und weist die Gemeinkosten anteilig und verursachungsgerecht den Kostenstellen in der Verwaltungseinheit zu, in denen sie entstanden sind. Der Betriebsabrechnungsbogen (BAB) ist dabei ein wichtiges Arbeitsmittel.

Sie berechnet für jeden Kostenbereich aus den ermittelten Gemeinkosten auf der Basis geeigneter Zuschlagsgrößen die Gemeinkosten-Zuschlagssätze.

Sie ermöglicht im Zeitvergleich oder im Vergleich mit den normierten (Normalgemeinkosten) Kosten die Kostenkontrolle in den einzelnen Verwaltungsbereichen.

Gliederung der Verwaltung in Kostenstellen

Die Kostenstellengliederung kann in verschiedenen Formen entwickelt werden:

Auf der Basis der Verantwortungsbereiche, auf der Basis von Teilhaushaltsplänen oder auf der Basis von Produktbereichen. Dabei muss jedoch darauf geachtet werden, dass es für jede Kostenstelle auch nur einen Verantwortlichen gibt.

Werden die Verantwortungsbereiche zu Grunde gelegt (hier beispielhaft Geschäftsbereich I), dann wäre in diesem Betriebsabrechnungsbogen lediglich eine Verdichtung der Kostenstellenrechnungen der untergeordneten Ebenen wiederzufinden. Wie die Kostenstellengliederung aussehen könnte, zeigt die Abb. 9. Der Aufbau eines Betriebsabrechnungsbogens besteht übereinkommengemäß darin, dass in der Kopfzeile die Kostenstellen ausgewiesen werden. Die Kopfspalte enthält die Kostenarten, analog gegliedert nach der Erfolgsrechnung. Eine tiefere Gliederung der Kostenarten ist möglich, macht aber auf der Ebene der Zusammenfassung wenig Sinn. Erst die "weiter unten" aufgeführten Betriebsabrechnungsbögen könnten durch eine detaillierte Darstellung der Kostenarten in ihrer Aussagekraft verbessert werden. In der Kopfspalte werden in den Zeilen nach der sekundären Verteilung der Gemeinkosten u. a. die Zuschlagsgrundlagen, die Gemeinkostenzuschlagssätze, die Normalgemeinkosten sowie die Kostenstellenunter- bzw. -überdeckungen dargestellt.

Praxistipp:

*Jede Kostenstelle (unabhängig ihres Gliederungsprinzipes) muss **einen** Kostenstellenverantwortlichen haben. Es ist in der Regel so, dass der disziplinarische Verantwortliche gleichzeitig auch Kostenverantwortlichkeit trägt. Er ist dann auch verpflichtet, Rechenschaft über die Kostenentwicklung und Wirtschaftlichkeit in seiner Kostenstelle abzulegen.*

Bei der Gliederung der Kostenstellen nach Teilhaushalten sollte ebenso vorgegangen werden.

	Geschäftsbereich Oberbürgermeister			
Kostenarten lt. Ergebnisplan	Büro Ober- bürgermeister	Personal/ Organisation	Finanzver- waltung	Rechnungs- prüfung
Personal- aufwendungen				
Versorgungs- aufwendungen				
Sach- und Dienstleistungen				
Abschreibungen				
Zinsen/Finanz- aufwendungen				
sonstige ordent- liche Aufwendungen				
Summe primäre GK				
Umlagen				
Summe sekundärer GK				
Zuschlagsgrundlagen				
Zuschlagssätze				
Normalgemeinkosten				
▼Unter-/Überdeckung				

Abb. 8: Gliederung nach Verantwortungsbereichen

Auch die Gliederung der Kostenstellen nach Produktbereichen ist denkbar, sie wird in der Verwaltungspraxis häufig mit gewachsenen Verwaltungsstrukturen kollidieren.

Allerdings hat die Kostenstellengliederung nach Produktbereichen den Vorteil, Aussagen für Produkte und Produktbereiche hinsichtlich der Wirtschaftlichkeit und der Kostenentwicklung machen zu können.

Eine weitere Möglichkeit der Gliederung der Kostenstellen, ist die nach Teilhaushalten, diese Gliederung ist der folgenden schematischen zu entnehmen.

Kostenarten lt. Ergebnisplan	Teilhaushalt 1			Teilhaushalt 2		
	Büro Ober-bürgermeister		...	Bürgermeister	FB Jugend/ Soziales/Sport	...
Personal-aufwendungen						
Versorgungs-aufwendungen						
Sach- und Dienstleistungen						
Abschreibungen						
Zinsen/Finanz-aufwendungen						
sonstige ordent-liche Aufwendungen						
analog BAB nach Verantwortungsbereichen						

Abb. 9: Gliederung nach Teilhaushalten

Unterscheidung der Gemeinkosten:

Gemeinkosten-art	Beispiele
Materialgemein-kosten	Annahme, Lagerung, Pflege, Ausgabe, Versicherung von Material,...
Fertigungs-gemeinkosten	Verbrauch von Strom, Wasser und Gas, Hilfs- und Betriebsstoffe, Kalkulatorische Abschreibungen auf Betriebs- und Geschäftsausstattung,...
Verwaltungs-gemeinkosten	Gehälter für Führungskräfte und Angestellten der Verwaltung, Büromaterial
Vertriebsgemein kosten	Lagerung fertiger Erzeugnisse, Kosten für Verkaufsbüro (z. B.: Souvernierverkauf in der Touristikinformation,...) Werbungskosten, Verpackung, Versand,...

Abb. 10: Beispiele für Gemeinkosten

Bearbeitung des Betriebsabrechnungsbogens

Bei den Kostenstellen, die Produkte/Leistungen erstellen, kann zwischen Haupt- und Nebenkostenstellen unterschieden werden.[76]

Hauptkostenstellen sind Kostenstellen, in denen kommunale Produkte (externe und interne) erstellt werden. Sie erbringen ihre Leistungen direkt für das Produkt z. B. Beseitigung von Hausmüll bzw. Gewerbemüll bei der Abfallwirtschaft, Dienstleistungen für andere Bereiche). Sie werden auch als Endkostenstellen bezeichnet. **Nebenkostenstellen** erbringen Leistungen für andere Kostenstellen der Kommune, entweder für alle übrigen - dann handelt es sich um Allgemeine Kostenstellen (AKS) - oder nur für einen Teil der Hauptkostenstellen. Sie nehmen also die Kosten der Leistungsbereiche auf, die nicht dem eigentlichen Verwaltungszweck dienen, aber ständig anfallen (z. B. Gastronomie im stadteigenen Bäderbereich, Geschäftsführung von Eigenbetrieben).

Hinweis: Die Nebenkostenstellen werden auch als Vorkostenstellen bezeichnet.

Praxisbeispiel: Abfallbeseitigung

Allgemeine Kostenstellen	*Geschäftsführung, Gebäude und Grundstücke, soziale Einrichtungen,...*
Hilfskostenstellen	*Werkstätten, Lagerhaltung, Material und Einkauf, zentraler Fuhrpark,...*
Hauptkostenstellen	*Müllsammlung, Sortieranlage, Müllverbrennungsanlage, Kompostplatz, Deponie, Vertrieb, Altglassammlung, Leistung für Dritte, Mietwohnung, Aktenvernichtung, Sperrmüll, Problemmüll, Beseitigung wilder Müllkippen,...*

Arbeitsschritte zur Bearbeitung des Betriebsabrechnungsbogens:

(1) Primäre verursachungsgerechte Verteilung der Gemeinkosten auf die Kostenstellen, unabhängig, ob es sich um Haupt-, Neben- oder Allgemeine Kostenstellen handelt. Ein Ergebnis ist in der folgenden Abbildung (11) sichtbar. Dabei werden die primären Gemeinkosten auf der Basis geeigneter Verteilungsgrößen den jeweiligen Kostenstellen zugeordnet.

Grundlagen der primären Verteilung der Ist-Gemeinkosten auf die Kostenstellen sind u. a. Materialentnahmescheine, Gehaltslisten, Anlagekarteien, Rechnungen, aber auch: Anlagewerte, Vermögenswerte, Schätzungen.

Manche Gemeinkosten lassen sich nicht über Belege den Kostenstellen direkt zuordnen, hier muss die Zuordnung zu den Kostenstellen über einen Verteilungsschlüssel vorgenommen werden (z. B.: Raumfläche, Anzahl Mitarbeiter ...).

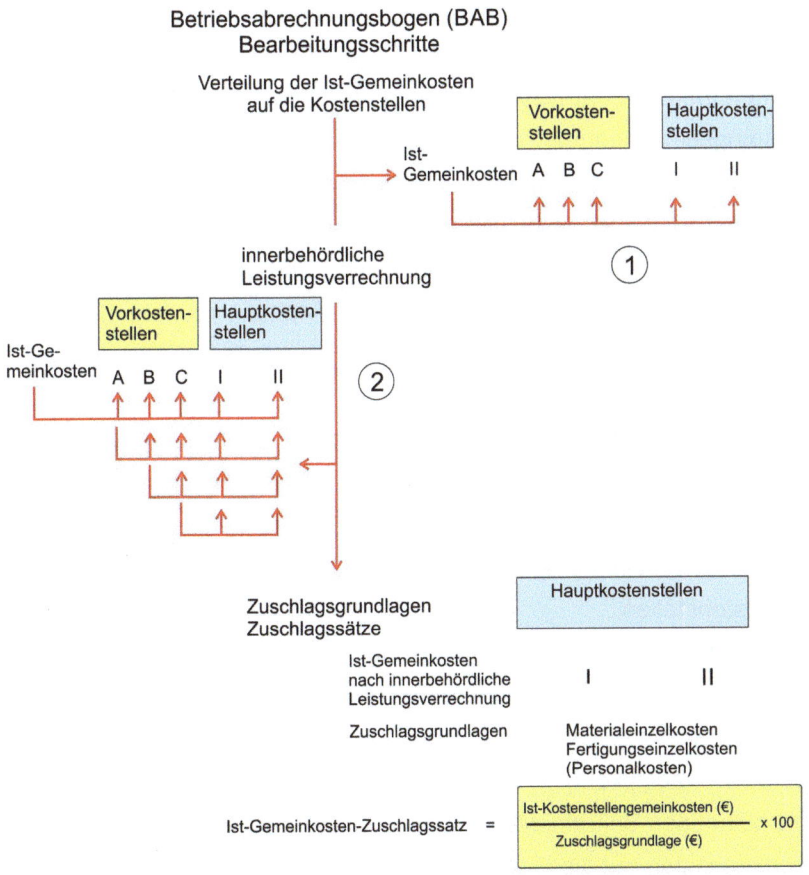

Abb. 11: Bearbeitungsschritte Betriebsabrechnungsbogens

(2) In einem zweiten Schritt werden die Kosten der Vorkostenstellen (Hilfskostenstellen und allgemeine Kostenstellen) auf die Haupt-(End-)kosten)stellen verrechnet. Das wird als die Sekundärverteilung (oder auch innerbehördlichen Leistungs-verrechnung) bezeichnet.[77]

Verfahren der innerbehördlichen Leistungsverrechnung:

Stufenleiterverfahren

Hier werden die primären Gemeinkosten der Vorkostenstellen (von links beginnend) auf die nachfolgenden Kostenstellen umgelegt. Um diese Verteilung der Gemeinkosten auf die Hauptkostenstellen realisieren zu können, benötigt der Kostenrechner Informationen zu den Leistungsbeziehungen zwischen den Kostenstellen.

Eine einmal entlastete Vorkostenstelle kann nicht wieder einbezogen werden. Eventuelle "Rückwärtsbeziehungen" bleiben unberücksichtigt.

Es ist ein einfaches und nachvollziehbares Verfahren, das in der Kostenstellenrechnung der öffentlichen Verwaltung vorwiegend zur Anwendung kommt.

Blockumlageverfahren

Diese Form ist ungenauer als das Stufenleiterverfahren, aber dafür auch einfacher, stellt eine alternative Variante dar. Hier werden die primären Ist-Gemeinkosten der Vorkostenstellen ausschließlich auf die Hauptkostenstellen umgelegt, also keine Umlage auf nachfolgende Vorkostenstellen.

Die übrigen Verfahren (mathematisches Verfahren und Iterationsverfahren) bedeuten für den Kostenrechner einen deutlich höheren Aufwand, der i. d. R. nicht durch einen gleichhohen Nutzenzuwachs kompensiert wird.

Die bisherigen Schritte dienten der Vorbereitung der Verteilung der Gemeinkosten auf die Produkte.

Für die Ermittlung von Produktpreisen werden die im BAB ermittelten Zuschlagssätze berechnet.

Die Höhe der Einzelkosten ist, auf Grund der Einzelkostendefinition, für das Produkt bekannt. Mit dem Zuschlagssatz wird ein Zusammenhang zwischen den Einzelkosten und den Gemeinkosten hergestellt. Es muss also versucht werden, eine Größe zu finden, die einen solchen Zusammenhang hinreichend genau darstellt.

In der Kostenrechnung von Gewerbebetrieben ist das relativ unproblematisch. Hier werden Zuschläge zu den Einzelkosten (Materialeinzelkosten (dem Produkt direkt zurechenbare Materialkosten) und Fertigungseinzelkosten (Fertigungslöhne)) genutzt.

In den Verwaltungseinheiten sind die Kosten nur in den seltensten Fällen Einzelkosten im Sinne der Definition. Allerdings können die Personalkosten, zumindest die, die im Zusammenhang mit der Produkterstellung stehen, als "modifizierte" Einzelkosten betrachtet werden.

Eine weitere Möglichkeit besteht darin, dass die Arbeitszeit auf die Gesamtkosten verrechnet wird. Ist die Zeit für die Erstellung eines Produktes bekannt, kann über den Stundensatz (Minutensatz) der Ressourcenverbrauch für dieses Produkt ermittelt werden.

Eine zweite Aufgabenstellung der Kostenstellenrechnung ist die Kontrolle der Wirtschaftlichkeit in der jeweiligen Kostenstelle. Dazu können Vergleiche mit geplanten Kosten und den tatsächlich in Anspruch genommenen Ressourcen herangezogen werden. Die Kosten, die für die (Haushalts-) Planung zum Ansatz kommen, sind die Normalgemeinkosten (sind Durchschnittskosten aus den Kosten vergangener Verwaltungszeiträume) einer Kostenstelle. Werden die Normalgemeinkosten (mit denen geplant wurde) den Ist-Gemeinkosten gegenübergestellt, so können Aussagen zum Mehr- bzw. Minderverbrauch in den einzelnen Kostenstellen gemacht werden. Diese Aussagen sind als Kennzahlen anwendbar und können ein Kriterium über die Wirtschaftlichkeit in der Kostenstelle sein.

| Ist-Kostenstellengemeinkosten > Normalgemeinkosten = Unterdeckung |

Das bedeutet, die für die Planung (= Kalkulation) verwendeten Normal-gemeinkosten sind kleiner als die tatsächlich verbrauchten Ist-Kosten. Betriebswirtschaftlich bedeutet das einen Mehrverbrauch.

| Ist-Kostenstellengemeinkosten < Normalgemeinkosten = Überdeckung |

Das bedeutet, die für die Planung (= Kalkulation) verwendeten Normalgemeinkosten sind größer als die tatsächlich verbrauchten Ist-Kosten. Ein Minderverbrauch, der aber auch einer Überprüfung bedarf, um für zukünftige Planungsperioden einen genaueren Ressourcenverbrauch prognostizieren zu können.

Allgemeine Kostenstellen erfassen die Gemeinkosten, die von diesen Kostenstellen zur Erstellung von „Serviceleistungen" für andere Kostenstellen verbraucht werden.

Z. B.: Energieversorgung, Empfang, zentrale Poststelle, Fuhrpark, Sozialeinrichtungen.

Die Kosten der Allgemeinen Kostenstellen sind von allen Verwaltungsbereichen verursacht worden, und werden auf der Grundlage geeigneter Schlüssel (möglichst verursachungsgerecht) auf die nachfolgenden Kostenstellen umgelegt.

Für Allgemeine Kostenstellen werden keine Zuschlagssätze berechnet.

Einrichtung von Hilfskostenstellen: In diesen Kostenstellen werden "Serviceleistungen" für die nachfolgenden Hauptkostenstellen erstellt (Z. B. Sekretariat des Oberbürgermeisters, Controller, Disposition,...).

Für Hilfskostenstellen werden keine Zuschlagssätze berechnet. Die Gemeinkosten, die in einem ersten Schritt in den Allgemeinen Kostenstellen und in den Hilfskostenstellen erfasst werden, werden als primäre Gemeinkosten bezeichnet. Diese werden dann in einem zweiten Schritt auf die nachfolgenden/entsprechenden Kostenstellen sekundär verteilt (Umlage der primären Gemeinkosten).

Der erweiterte, mehrstufige BAB ermöglicht einen guten Einblick in die Kostenstruktur der Verwaltung und gestattet - im Vergleich mehrerer Abrechnungsperioden - eine sorgfältigere Kostenkontrolle. Die höhere Genauigkeit verlangt aber auch ein deutlich höheres Maß an Sorgfalt und Aufwand.

3.2 Produktkalkulation

Ermittlung der Selbstkosten:

Nach der Erfassung aller Kosten in der Geschäftsbuchhaltung besteht eine wesentliche Aufgabe der Vollkostenrechnung darin, alle Kosten verursachungsgerecht auf die Leistungs-/Erzeugniseinheiten zu verteilen, auf diese Weise werden die Selbstkosten der Leistungseinheiten (Produkte) ermittelt.

Den Kostenträgern werden alle Kosten zugerechnet, die sie verursachen werden, so dass:

* für die Produkte die verbrauchten Kosten kalkuliert werden können,
* im Idealfall entspricht die Summe aller kalkulierten Kosten eines Produktbereiches dem Haushaltsansatz des Bereiches.

3.2.1 Zuschlagskalkulation

Die Zuschlagskalkulation[78] wird dann angewandt, wenn heterogene, d.h. verschiedene Produkte hergestellt werden. Die Herstellungsvorgänge der einzelnen Produkte sind so unterschiedlich, dass die weiter unten aufgeführten Kalkulationsverfahren (Divisions- und Äquivalenzkennzahlenkalkulation) nicht angewendet werden können.

Die Zuschlagskalkulation unterscheidet zwischen Gemeinkosten und Einzelkosten (die Definitionen dazu siehe weiter oben).

Typische Kostenträger-Einzelkosten sind die Materialkosten, die für die Erstellung eines Produktes anfallen, und die Personalkosten, die ausschließlich bei der Erstellung eines einzelnen Produktes auftreten.

Zu den Kostenträgergemeinkosten gehören die Abschreibungen auf Gebäude und Maschinen, die Versicherungsprämien und die Personalkosten, die durch die Steuerung der Verwaltungstätigkeit anfallen.

Entscheidend bei der Zuschlagskalkulation ist es, dass zwischen den Einzelkosten und den Gemeinkosten ein rechnerischer Zusammenhang hergestellt werden kann (im Ergebnis wird ein Gemeinkostenzuschlagssatz berechnet).

Das soll im Folgenden an einem einfachen Beispiel dargestellt werden. Eine Kostenstelle ist verantwortlich für die Vorbereitung und Durchführung von Veranstaltungen. Die Einzelkosten können für jede Veranstaltung ermittelt werden. Das können Kosten für Blumen, Dekorationsmaterial und Ähnliches sein. Den Gemeinkosten werden u. a. die Personalkosten sowie anteilige Raummiete zugerechnet.

Betriebsabrechnungsbogen für die Kostenstelle "Dekoration"

Kosten (€)	Kostenstelle Dekoration	Veranstaltung "Ehrenamt"	Veranstaltung "Verabschiedung"	Veranstaltung "Jubiläum"
Einzelkosten	5.000	2.500	1.250	1.250
Gemeinkosten	10.000			
Summe	15.000			

Die Gemeinkosten sollen auf Basis der Einzelkosten auf die Veranstaltungen verteilt werden. Es wird somit unterstellt, dass bei steigenden Einzelkosten höhere Gemeinkosten auftreten, somit zwischen diesen Größen ein Zusammenhang besteht. Das ist der eigentliche Grundgedanke der Zuschlagskalkulation. Die zu verteilenden Gemeinkosten werden auf die Einzelkosten bezogen und das Verhältnis in Form eines Prozentsatzes als Zuschlagssatz ermittelt:

$$\text{Gemeinkostenzuschlagssatz (\%)} = \frac{\text{Ist-Gemeinkosten (€)}}{\text{Zuschlagsgrundlage (€)}} \times 100 = \frac{10.000 \text{ €}}{5.000 \text{ €}} \times 100 = 200 \text{ \%}$$
(Ist)

Abb. 12: Berechnung des Gemeinkostenzuschlagssatzes

Es ergibt sich somit ein Verrechnungsschlüssel in Form eines Zuschlagssatzes in Höhe von 200 %, das bedeutet auf einen Euro Einzelkosten entfallen zwei Euro Gemeinkosten.

Die Summe von Einzel- und Gemeinkosten für die einzelnen Veranstaltungen ergeben sich aus der nachfolgenden Tabelle. Die Summe der Einzelkosten und Gemeinkosten stellen jeweils die Gesamtkosten der jeweiligen Veranstaltungen dar.

Kosten (€)	Kostenstelle Dekoration	Veranstaltung "Ehrenamt"	Veranstaltung "Verabschiedung"	Veranstaltung "Jubiläum"
Einzelkosten	5.000	2.500	1.250	1.250
Gemeinkosten	10.000	5.000	2.500	2.500
Summe	15.000	7.500	3.750	3.750

Die Anwendung der einfachen Zuschlagskalkulation, ist in der Kommunalverwaltung dann möglich, wenn Einzelkosten vorliegen und mit einem vertretbaren Aufwand ermittelt werden können. Außerdem muss die Verteilung der Gemeinkosten auf Basis der Einzelkosten dem Prinzip der Kostenverursachung entsprechen.

Auch wenn bei einem Dienstleistungsunternehmen, wie der Kommunalverwaltung die Produkte nicht immer homogen sind, ist die Zuschlagskalkulation als Kalkulationsverfahren wegen der Dominanz der Gemeinkosten nur in Teilbereichen anwendbar. Besser wäre in vielen Fällen die Anwendung der Divisions- oder Äquivalenzkennzahlenkalkulation (siehe dort).

Die oben dargestellte Zuschlagskalkulation ist eine summarische. Bei der differenzierten Zuschlagskalkulation werden schrittweise die Materialkosten (Einzelkosten Material plus Gemeinkosten Material) und die Fertigungskosten (Fertigungseinzelkosten plus Fertigungs-gemeinkosten) ermittelt und als Herstellkosten (Materialkosten plus Fertigungskosten) dargestellt. Den Herstellkosten werden die Verwaltungs- und (Vertriebsgemeinkosten, soweit angefallen) hinzugerechnet. Erst dann sind die Selbstkosten des Produktes ermittelt.

Kalkulationsschema (differenzierte Zuschlagskalkulation)

Materialeinzelkosten	→ direkt zurechenbar
+ Materialgemeinkosten	→ Kosten für die Beschaffung,
= Materialkosten	Lagerhaltung, Kosten für die Materialausgabe, ...
+ Fertigungseinzelkosten	→ Gehälter für Mitarbeiter, die unmittelbar an der Produkter-stellung tätig sind.
+ Fertigungsgemeinkosten	→ kalkulatorische Kosten,
= Fertigungskosten	Raumkosten, ...
Herstellkosten (Materialkosten + Fertigungskosten)	
+ Verwaltungsgemeinkosten	→ Overheadkosten
= Selbstkosten	

Abb.13: Differenzierte Zuschlagskalkulation

In Verwaltungseinheiten, die eine Leistung gegen Entgelt erbringen, müssen die Erträge die Kosten decken (Kostendeckungsprinzip). Anders verhält es sich bei Eigenbetrieben bspw. Komunale Betriebe, Energieversorger, Verkehrsbetriebe,...

Deren Gewinne müssen so hoch ausfallen, dass er nach Deckung aller Kosten über die Umsatzerlöse auch das allgemeine Unternehmerrisiko abdeckt sowie zusätzlich Mittel für Erweiterungsinvestitionen bereitstellt.

Letztendlich werden aus dem realisierten Gewinn Tilgungen von Verbindlichkeiten sowie Gewinnabführungen finanziert.

3.2.2 Äquivalenzkennzahlenkalkulation

Voraussetzungen sind[79]:

- Die Erzeugnisse müssen artgleich sein (z. B.: ähnliche Ausgangsstoffe, ähnliche Tätigkeiten,...),
- die Kostenarten der Erzeugnisse müssen in einem festen Kostenverhältnis stehen.

Äquivalenzkennziffern:

Unterschiede in den Selbstkosten der Erzeugnisse bei Sortenfertigung können nur daraus resultieren, dass die einzelnen Erzeugnisgruppen (Sorten) unterschiedlich stark Produktionsfaktoren (Kosten) verbrauchen.

Das Kostenverhältnis, das die unterschiedlich starke Inanspruchnahme angibt, wird durch Beobachtung und Messung festgestellt und als Äquivalenzkennzahl für die Kalkulation der Selbstkosten genutzt.

Bei der einfachen Äquivalenzkennzahlenkalkulation werden sämtliche Kosten, die in einer Verwaltungseinheit anfallen, durch die Zahl der verschiedenen (äquivalenten) Produkteinheiten, die mit Äquivalenzkennzahlen gewichtet worden sind, geteilt. Bei der Vielfältigkeit der möglichen Produkte/Leistungen ist es nicht immer möglich, zwischen allen Produkten eine konstante Kostenrelation zu finden, die der Kalkulation auf Dauer zugrundegelegt werden könnte. Anwendung findet die Äquivalenzkennziffernkalkulation u. a.: in der Abfallentsorgung, im Grünflächenamt, bei Bestattungen, bei der Bearbeitung von Steuerbescheiden, ...

Einfache Äquivalenzkennzahlenkalkulation

Dazu ein Beispiel aus der Abfallentsorgung einer Kommune. Es werden die Kosten für die Entleerung verschieden großer Mülltonnen (groß/klein) für jedes Gefäß ermittelt. In dem Beispiel werden 6.000

kleine und 12.000 große Mülltonnen entleert. Die dafür erfassten Gesamtkosten belaufen sich auf: 96.700 €.

Mülltonnen					
Art der Müll-tonnen	Anzahl der Gefäße	Äquiva-lenz-kennzahl	Anzahl der Rechen-ein-heiten	Kosten pro Gefäß	Gesamt-kosten
Klein	6.000				
groß	12.000	1,00			
Summe	18.000				96.700

Das Haupterzeugnis (meist das am häufigsten hergestellte Erzeugnis) erhält die Äquivalenzkennziffer „1" (hier also die großen Mülltonnen), und der Kostenrechner bringt die anderen Erzeugnisgruppen durch einen die Kostenverursachung ausdrückenden Zuschlag/Abschlag in Beziehung zu „1"! Im obigen Beispiel soll die Entleerung des kleineren Gefäßes nur ¾ der Kosten einer großen Tonne Verursachen. Diese Relation wird jährlich überprüft.

Die so ermittelten Zahlen sind Äquivalenzkennziffern.

Über diese Äquivalenzkennziffern werden die Produkte kostenrechnerisch vergleichbar (äquivalent).

Mülltonnen					
Art der Müll-tonnen	Anzahl der Gefäße	Äquiva-lenz-kennzahl	Anzahl der Rechen-ein-heiten	Kosten pro Gefäß	Gesamt-kosten
Klein	6.000	0,75			
groß	12.000	1,00			
Summe	18.000				96.700

Die Äquivalenzkennzahlen werden mit der Anzahl der Gefäße multipliziert, es wird also eine fiktive Anzahl (Recheneinheit) berechnet,

die unterstellt, dass ausschließlich Gefäße mit der Kennzahl 1 entleert
wurden:

Art der Müll-tonnen	Anzahl der Gefäße	Äquiva-lenz-kennzahl	Anzahl der Rechen-ein-heiten	Kosten pro Gefäß	Gesamt-kosten
Klein	6.000	0,75	4.500		
groß	12.000	1,00	12.000		
Summe	18.000		16.500		96.700

Die Summe der Recheneinheiten wird den Gesamtkosten
gegenübergestellt und so können die Selbstkosten je Erzeugniseinheit
mit der Kennziffer 1 berechnet werden. Die Selbstkosten der übrigen
Erzeugnisse werden dann mittels der Äquivalenzkennziffern berechnet.

Art der Müll-tonnen	Anzahl der Gefäße	Äquiva-lenz-kennzahl	Anzahl der Rechen-ein-heiten	Kosten pro Gefäß	Gesamt-kosten
Klein	6.000	0,75	4.500	4,35	26.100
groß	12.000	1,00	12.000	5,80	69.600
Summe	18.000		16.500		96.700

Auf die Darstellung der mehrfachen und mehrstufigen
Äquivalenzkennzahlenkalkulation soll an dieser Stelle verzichtet
werden.

3.2.3 Divisionskalkulation

Anwendung der Divisionskalkulation[80] in solchen
Verwaltungseinrichtungen, die ein einheitliches Produkt über längere
Zeiträume herstellen.

In diesen Einrichtungen werden die Kostenstellen nicht durch unterschiedliche Kostenträger unterschiedlich stark beansprucht.

Es wird in solchen Bereichen der Öffentlichen Verwaltung für die Kostenrechnung insofern einfach, weil die komplizierte Aufschlüsselung der Gemeinkosten auf die Kostenstellen wegfällt.

Die Selbstkosten werden einfach und zuverlässig ermittelt:

Die einfache Divisionskalkulation

$$\text{Selbstkosten/Mengeneinheit} = \frac{\text{Gesamtkosten der Abrechnungsperiode (€)}}{\text{Herstellmenge der Abrechnungsperiode (ME)}}$$
$$\text{(SK/ME)}$$

Abb. 14: Selbstkosten – einfache Divisionskalkulation

Anwendung: Nur eine Erzeugnisart und keine Bestandsänderungen, (Z. B.: Stadtwerke für die Stromerzeugung).

Für Angebotspreiskalkulationen und Kostenplanung werden auch hier „normierte" Kosten und normierte Mengen eingesetzt.

Mehrstufige Divisionskalkulation

Die zweistufige Divisionskalkulation wird dann angewendet, wenn nicht alle in einer Abrechnungsperiode hergestellten Erzeugnisse auch abgesetzt werden können.

$$\text{SK/ME} = \frac{Hk_n + Vw_n \text{ (anteilig)}}{\text{Herstellmenge}_n \text{ (ME)}} + \frac{Vt_n + Vw_n \text{ (anteilig)}}{\text{Absatzmenge}_n \text{ (ME)}}$$

Abb. 15: Selbstkosten – zweistufige Divisionskalkulation

Abkürzungen: Mengeneinheiten (ME); Selbstkosten (SK); Herstellkosten der Periode n (HK_n); Verwaltungskosten der Periode n (Vw_n); Vertriebskosten der Periode n (Vt_n); alle Kosten in €.

Die Herstellkosten werden auf die hergestellte Menge umgelegt, die Vertriebskosten auf die abgesetzte Menge.

Die Zuordnung der Verwaltungsgemeinkosten kann unterschiedlich erfolgen:

entweder in voller Höhe auf die Herstellkosten *oder*

in voller Höhe auf die Vertriebskosten *oder* anteilig auf

die Herstellkosten und die Vertriebskosten.

Mehrstufige Divisionskalkulation

Hier werden die Herstellkosten eines Abrechnungszeitraums entsprechend für jede Produktionsstufe ermittelt und der in dieser Stufe hergestellten Erzeugnismenge des Abrechnungszeitraums gegenübergestellt.

Beispiel Stadtwerke:[81]

Die Stadtwerke reinigen verschmutzte Abwässer, wobei die Reinigung in verschiedenen Klärstufen erfolgt, die hintereinander geschaltet sind. Stark verschmutzte Abwässer werden in Stufe I geklärt, bevor Sie zusammen mit den kritisch verschmutzten Abwassern der Stufe II weiterbehandelt werden. In der Stufe II vorgeklärte Gesamtmenge wird zusammen mit gemäßigt verschmutzten Abwässern in der Stufe III eingeleitet. Die in der Stufe III bereits weitgehend geklärten Mengen zusammen mit den leicht verschmutzten Abwässern in der Stufe IV endgültig geklärt.

Angefallene, unterschiedlich verschmutzte Abwässer die (Verschmutzungsgrade umfassen sehr stark verschmutzt bis leicht verschmutzt):

Abwasser	Menge in m³	Kosten in €
Verschmutzungsgrad 1	50.000	500.000
Verschmutzungsgrad 2	80.000	800.000
Verschmutzungsgrad 3	100.000	690.000
Verschmutzungsgrad 4	200.000	1.075.000

Zur Ermittlung der Kosten für die Reinigung je Stufe werden die Kosten der Klärstufe durch die in dieser Stufe geklärte Menge dividiert. Das Ergebnis ist in der folgenden Abbildung dargestellt:

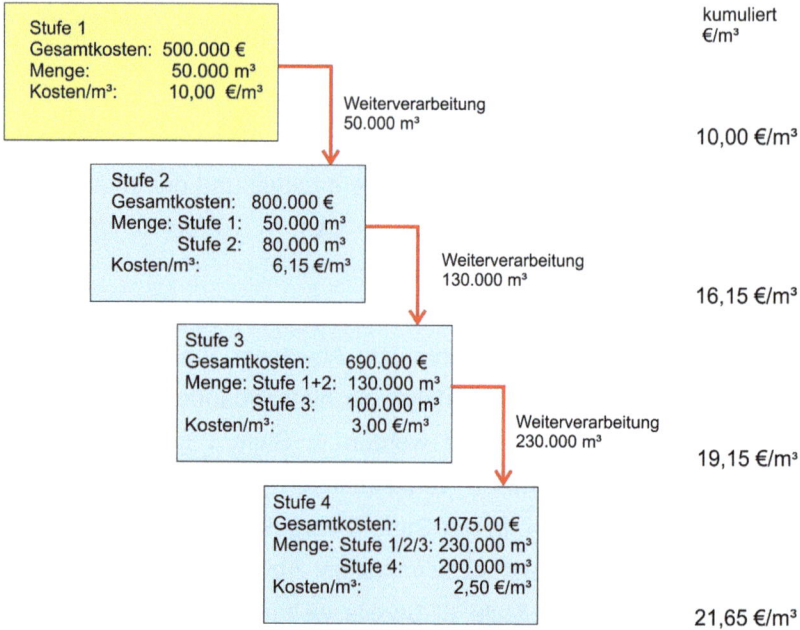

Abb. 16: Darstellung – mehrstufige Divisionskalkulation (z. T. gerundet)

Für die Planung zukünftiger Verwaltungsjahre kann bei bekannter geplanter Menge in den Reinigungsstufen der Ressourcenverbrauch kalkuliert werden und in die Haushaltsplanung einbezogen werden.

4. Grundzüge der Deckungsbeitragsrechnung

4.1 Fixe und variable Kosten

Verhalten der Kosten bei Beschäftigungsänderungen

Beschäftigung ist die technisch mögliche Leistungsfähigkeit einer Verwaltungseinheit. Die Beschäftigung stellt somit die maximal mögliche Leistung einer Verwaltungseinheit dar. Die tatsächliche Leistung wird immer unter der technisch möglichen liegen.[82]

$$\text{Beschäftigungsgrad (\%)} = \frac{\text{Ist-Beschäftigung (ME)}}{\text{maximal mögliche Beschäftigung (ME)}} \times 100\ (\%)$$

Abb. 17: Berechnung Beschäftigungsgrad

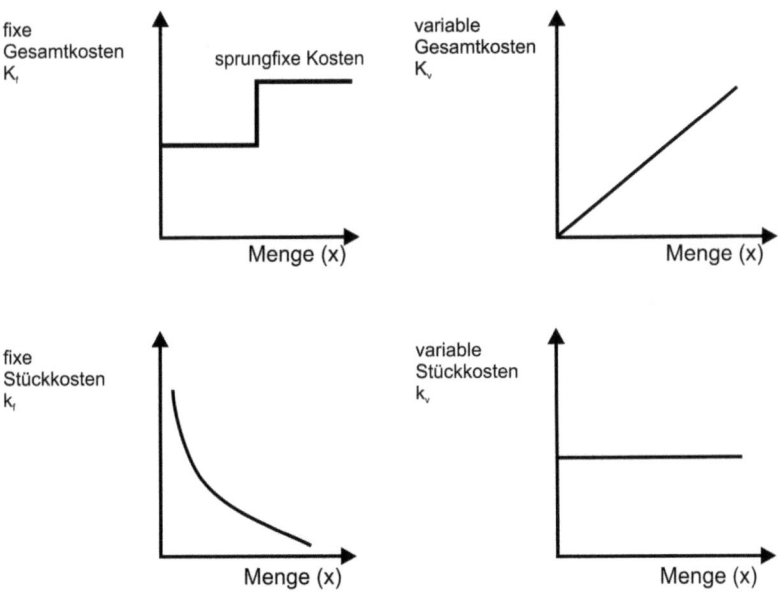

Abb. 18: Kostenverläufe in Abhängigkeit von der Menge

Fixe Kosten:

Kosten, die sich bei Änderung der Beschäftigung nicht ändern. z. B.: Miete; Gehälter; kalkulatorische Abschreibungen, Personalkosten, Versicherungen, Mieten, Pachten,...

Variable Kosten:

Kosten, die sich mit der Beschäftigungsänderung gleichfalls verändern. Z.B.: Fertigungsmaterial; Sondereinzelkosten des Vertriebs; Fertigungslöhne, Materialkosten für die Instandhaltung von Straßen, Kosten des Serums und Einwegspritzen für die Grippeschutzimpfung im städtischen Krankenhaus, Personalkosten für Honorartätigkeit (Bezahlung erfolgt für die Schulungen zur Doppik),...

Der oben dargestellte proportionale Verlauf der variablen Kosten ist für praktische Anwendungen der Kostenrechnung ausreichend genau. Die in der Theorie beschriebenen über-/ und unterproportionalen Kostenverläufe werden in der kostenrechnerischen Praxis seltener berücksichtigt.

In der Verwaltungspraxis werden die meisten Kosten als Mischung zwischen fixen und variablen Kosten anzutreffen sein.

Mischkosten:

Solche Kosten, die sowohl fixe als auch variable Bestandteile enthalten. Z. B.: Elektroenergiekosten (Grundgebühr fix, Verbrauch variabel,...) sind die in der kostenrechnerischen Praxis am häufigsten verkommenen Kosten. Der Kostenrechnung obliegt die Aufgabe, die Mischkosten mit geeigneten Verfahren in fixe und variable Kosten zu trennen.

Die Kostenfunktion[83]

Diesem Gliederungspunkt seien einige Abkürzungen vorangestellt. Sie erleichtern dem Leser das Verstehen der folgenden Ausführungen.

K	Gesamt-kosten	K_f	fixe Kosten, gesamt	k_f	fixe Stückkosten
		K_v	variable Kosten, gesamt	k_v	variable Stück-kosten
x	Beschäftigung (Mengeneinheiten)			p	Preis

Mit Hilfe der Kostenfunktion wird der Ressourcenverbrauch für eine Beschäftigung von x Mengeneinheiten ermittelt.
Grafisch wird dieser Zusammenhang wie folgt dargestellt:

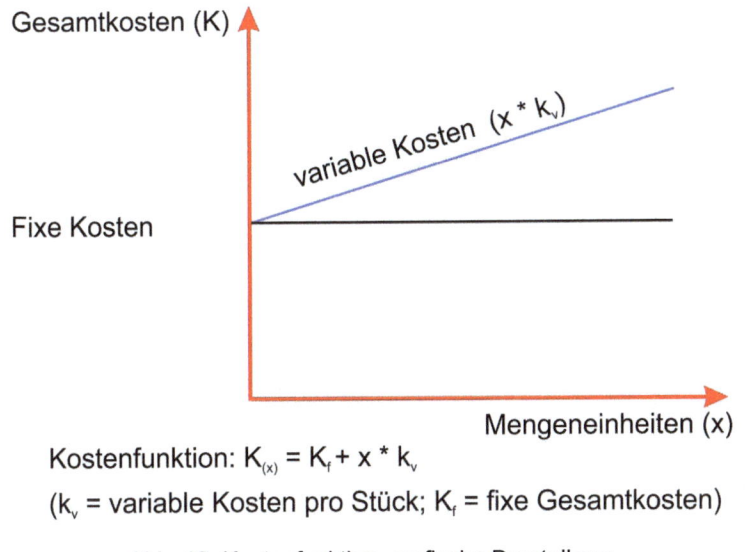

Kostenfunktion: $K_{(x)} = K_f + x * k_v$
(k_v = variable Kosten pro Stück; K_f = fixe Gesamtkosten)

Abb. 19: Kostenfunktion, grafische Darstellung

Für praktische kostenrechnerische Aufgaben ist eine lineare Betrachtungsweise des Kostenverlaufs hinreichend genau (s. o.).
Über die Kostenfunktion sind verschiedene Lösungsmöglichkeiten nutzbar (sie werden an dieser Stelle nur aufgezählt):
Kostenplanung mit Hilfe der Kostenfunktion,
Berechnung der Gewinnschwellenmenge,
Unterstützung bei Investitionsentscheidungen (Kostenvergleiche).

4.2   Deckungsbeitragsrechnung
Grundbegriffe der Deckungsbeitragsrechnung

Umsatzerlöse
./. variable Gesamtkosten (Kv)
= Gesamtdeckungsbeitrag (DB)

Preis
- variable Stückkosten (kv)
= Stückdeckungsbeitrag (db)

Abb. 20: Begriff des Deckungsbeitrags

Relationen:

$DB > K_f$ = Gewinn $p > k_v$ erfolgsverbessernd

$DB = K_f$ = Gewinnschwelle $p = k_v$ erfolgsneutral

$DB < K_f$ = Verlust $p < k_v$ erfolgsverschlechternd[*]

[*] Beispiel: K_f = 20.000 €; k_v = 35,00 €/Stück; p= 36,00 €/Stück

Produzierte und verkaufte Menge:

(1) 0: Ergebnis: - 20.000 € (0*36 ./. (20.000 + 0*35))

(2) 1: Ergebnis: - 19.999 € (1*36 ./. (20.000 + 1*35))

Anwendungsmöglichkeiten der Deckungsbeitragsrechnung:

- Deckungsbeitragsrechnung als Ergebnisrechnung,
- einstufige Erfolgsrechnung,
- mehrstufige Erfolgsrechnung,
- optimales Produktionsprogramm,
- Preisuntergrenzen,
- Annahme von Zusatzaufträgen.

5. Flexible Plankostenrechnung

Plankosten (Definition):

- vorausbestimmte Kosten als Plan-Vorgabe,
- erreichbar bei planmäßigem Verwaltungsgeschehen,
- werden nach Ablauf der Abrechnungsperiode mit den tatsächlichen Kosten verglichen.

Arten der Plankostenrechnung: [84]

- starre Plankostenrechnung bezieht sich auf einen konstanten Beschäftigungsgrad,
- flexible Plankostenrechnung, gestattet es, bei Schwankungen des Beschäftigungsgrades die Kosten der Planbeschäftigung auf die Plankosten der jeweils realisierten Ist-Beschäftigung umzurechnen.

Ziele der Plankostenrechnung:

- Ermittlung der Plankosten für jede Kostenstelle,
- Abweichungsanalyse (Soll-Ist-Vergleich),
- Aufdecken und Beeinflussen der Ursachen für diese Abweichungen.

Planbeschäftigung: Die in der Periode erwartete Ist-Leistung = Beschäftigungsgrad (der Beschäftigungsgrad wird durch das Verhältnis Ist-Leistung zu maximaler Leistung ausgedrückt, s. o.).

Grundlage für die Festlegung der Planbeschäftigung können sein: wirtschaftliche Beschäftigung, maximale Beschäftigung, Engpass oder Erfahrungswerte.

Plankostenverrechnungssatz

$$\text{Plankostenverrechnungssatz (€/BE)} = \frac{\text{Plankosten (€)}}{\text{Planbeschäftigung (BE)}}$$

BE - Beschäftigungseinheiten (z. B.: Stunden, Stück; m²; m³,...

Abb.21: Plankostenverrechnungssatz

Sollkosten sind die auf die Ist-Beschäftigung umgerechneten Plankosten.

$$\text{Sollkosten (€)} = \frac{\text{variable Plankosten (€) * Ist-Beschäftigung (BE)}}{\text{Planbeschäftigung (BE)}} + \text{fixe Plankosten}$$

Abb. 22: Berechnung der Sollkosten

Verrechnete Plankosten:

verrechnete Plankosten (€) = Ist-Beschäftigung * Plankostenverrechnungssatz

Abb. 23: Berechnung der verrechneten Plankosten

Praxisbeispiel:[85]

Planbeschäftigung	*8 Mio. Seiten*
Plankosten	*250.000 €*
Davon fixe Kosten:	*130.000 €*
Davon variable Kosten	*120.000 €*
(8 Mio. Seiten x 0,015 €/Seite)	
Ist-Kosten:	*220.000 €*
Istbeschäftigung (Ist-Menge):	*6,5 Mio. Seiten*

Daraus ergeben sich die folgenden Werte:

Plankostenverrechnungssatz = 0,03125 €/geplanter Seite

Sollkosten $_{6,5 \text{ Mio. Seiten}}$ = 227.500 €

verrechnete Plankosten = 203.125 €

Abweichungsanalyse in der Plankostenrechnung[86]

In der praktizierten Plankostenrechnung werden nach Abschluss einer Abrechnungsperiode die Verbrauchsabweichung, die Beschäftigungsabweichung sowie die Gesamtabweichung ermittelt. Die in der theoretischen Plankostenrechnung zusätzlich aufgeführte Preisabweichung wird in der Praxis wenig bis kaum angewendet.

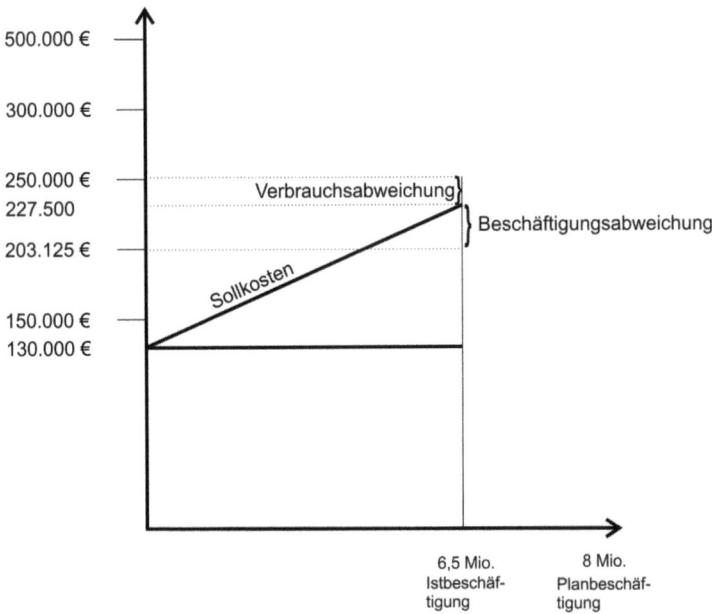

Abb.24: Grafische Darstellung der Abweichungsanalyse

Verbrauchsabweichung:

Verbrauchsabweichung (VA) = Ist-Kosten minus Sollkosten

VA   = 220.000 € ./. 227.500 € = ./. 7.500 €

Die VA zeigt die Abweichung der Ist-Kosten von den Kosten, die bei dieser Beschäftigung hätten entstehen dürfen. Liegen die Ist-Kosten über den Sollkosten, so ist mehr verbraucht worden, als geplant, die Abweichung hat in erster Linie der Kostenstellenverantwortliche zu vertreten. Die Ursachen für den Mehrverbrauch sind zu ermitteln und für zukünftige Abrechnungsperioden zu berücksichtigen.

Bei umgekehrter Relation (Ist-Kosten < Sollkosten) ist weniger verbraucht worden, auch hier müssen die Ursachen ermittelt werden und für zukünftige Planungszeiträume Berücksichtigung finden.

Beschäftigungsabweichung:

Die Ursachen dieser Abweichung liegen i. d. R. außerhalb des Einflussbereiches des Kostenstellenverantwortlichen. Sie werden ausschließlich durch die abweichende Beschäftigung verursacht (z. B.: weniger Aufträge, Arbeitszeitausfall).

Unterbeschäftigung (weniger, als geplant): In der Planungsphase sind zu wenig fixe Kosten über den Plankostenverrechnungssatz verrechnet worden.

Überbeschäftigung (mehr, als geplant): In der Planungsphase sind zu viel fixe Kosten über den Plankostenverrechnungsatz verrechnet worden.

Beschäftigungsabweichung (BA):

$$\text{Sollkosten minus verrechnete Plankosten}$$

BA = 227.500 € ./. 203.125 € = 24.375 €

Im obigen Beispiel wurden nur 6,5 Mio. Seiten realisiert, die ausgewiesenen 24.375 € Beschäftigungsabweichung sind dadurch entstanden, dass bei der Planung mit 0,01625 €/Seite fixer Kosten gerechnet worden ist, aber es sind tatsächlich pro Seite 0,02 € verbraucht worden (130.000 fixe Kosten/6,5 Mio. Seiten).

Gesamtabweichung:

VA + BA = ./. 7.500 € + 24.375 € = 16.875 €

Praxistipp:

Es ist unerheblich in welcher Form die Differenzen ermittelt werden, lediglich wichtig ist es, dass die richtigen beteiligten Kategorien für die jeweilige Abweichung in die Berechnung einfließen.

VA = Istkosten ./. Sollkosten, dann BA = Sollkosten ./. verr. Plankosten

oder

VA = Sollkosten ./. Istkosten, dann BA = verr. Plankosten ./. Sollkosten.

6. Prozesskostenrechnung

Prozesskostenrechnung[87] ist ein Teil der Vollkostenrechnung (auch als Vorgangskalkulation bezeichnet). Durch die Prozesskostenrechnung soll versucht werden, die Mängel anderer Kalkulationsverfahren hinsichtlich der verursachungs- gemäßen Zuordnung von Gemeinkosten zu beseitigen. Insbesondere die Zuschlagskalkulation auf der Grundlage von Einzelkosten kann eine verursachungsgerechte Kalkulation nicht gewährleisten. Die Kritik trifft auch auf die der Produkterstellung vor- und nachgelagerten Dienstleistungsbereiche, wie z.B. Beschaffung und Disposition zu. Durch die genauere Zuordnung der Gemeinkostenanteile zu Prozessen/Teilprozessen verspricht die Prozesskostenrechnung sowohl eine bessere Steuerung als auch eine genauere Produktkalkulation.

Praxisbeispiele für bereits praktizierte Prozesskostenrechnungen:
Bibliotheksabläufe,
Baugenehmigungen,
Finanzamt (Steuererklärungen),
Weiterbildungsorganisation,
Durchlauf Eingangsrechnungen,
bei sich wiederholenden Abläufen, u. a.

Praxisbeispiel der Stadtbücherei:[88]

Eine Voraussetzung für den Aufbau einer Prozesskostenrechnung besteht darin, dass Teilprozesse auf der Basis einer Tätigkeitsanalyse dargestellt werden. Diese Teilprozesse sollten als Standardabläufe festgeschrieben werden. In einer Bibliothek könnten drei Hauptprozesse definiert werden: "Ausleihwesen" (mit den Teilprozessen Ausleihungen verbuchen, Fristen überwachen, Rückgabe verbuchen, Mahnwesen); "Beschaffung neuer Medien" (mit den Teilprozessen Medien auswählen, Medien anschaffen) und "Veranstaltungen vorbereiten und durchführen". Die Tätigkeiten müssen in solche getrennt werden, die eine direkte Beeinflussung der Höhe der Kosten bewirken (leistungsmengeninduziert (lmi)) und solche, die keine direkte Beeinflussung der Kosten bewirken (leistungsmengenneutrale (lmn)).

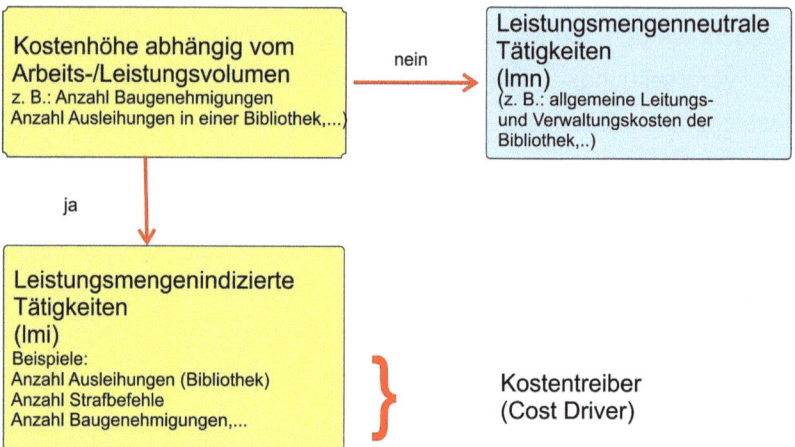

Abb. 25 a: Leistungsmengeninduzierte und leistungsmengenneutrale

Hauptprozess: Ausleihungen in der Stadtbibliothek

Teilprozesse	Teilprozess-mengen pro Jahr	Teilprozess-kosten pro Jahr	Leistungs-mengen-induzierter (lmi) Kostensatz	Leistungs-mengen-neutraler (lmn) Kostensatz
Ausleihungen buchen	116.000 Ausleihungen	58.650 €	= 58.650/116.000 = 0,506 €/Ausleihung	0,166 €/Ausleihung
Fristen überwachen	116.000 Ausleihungen	23.260 €	0,20 €/Ausleihung	0,066 €/Ausleihung
Rückgabe verbuchen	116.000 Ausleihungen	35.190 €	0,303 €/Ausleihung	0,01 €/Ausleihung
Mahnwesen	460 Stunden	15.350 €	33,37 €/Stunde	10,98 €/Stunde

Berechnung lmn-Kosten:
lmi kostensatz * Verhältnis der lmn-Kosten zu lmi-Kosten der Kostenstelle
hier: Summe lmn-Kosten der Kostenstelle Bibliothek = 52.440 €
        Summe lmi-Kosten der Kostenstelle Bibliothek = 159.560 €
        Daraus der Faktor = 0,329 (dimensionslos)

Abb.25 b: Ermittlung von Kostensätzen Bibliothek

Die Kosten je Ausleihe lassen sich für die Teilprozesse "Ausleihungen buchen", "Fristen überwachen" und "Rückgabe verbuchen" recht einfach als Summe der lmi-Kostensätze zuzüglich der lmn-Kostensätze ermitteln: 1,25 € für den Prozess Ausleihungen. Die anteiligen Kosten für das Mahnwesen lassen sich über die durchschnittliche Dauer je Ausleihung (460 Stunden/116.000 Ausleihungen) für das Mahnwesen ermitteln. Hier: 460 Stunden/116.000 Ausleihungen * (33,37 + 10,98) €/Stunde) = 0,176 €/Ausleihung. Damit ergeben sich pro Ausleihung 1,426 €.

Auf die Berechnung der übrigen Hauptprozesse wird an dieser Stelle verzichtet.

Praxistipp:

Zusammenfassend liefert die Prozesskostenrechnung

- *eine verbesserte Zuordnung der Gemeinkosten zu den Produkten,*
- *die Möglichkeit zur Überprüfung, ob alle Teilprozesse notwendig sind,*
- *die Kenntnis über die Kosten der Hauptprozesse und die Möglichkeit der Überprüfung der Prozesskosten auf Angemessenheit,*
- *eine verbesserte Kalkulationsgrundlage für Ist- und Plan-Produktkosten,*
- *eine verbesserte Grundlage für den Plan-Ist-Vergleich,*
- *eine verbesserte Grundlage für einen interkommunalen Vergleich,*
- *Entscheidungsgrundlagen zum Beispiel Eigenfertigung oder Fremdbezug.*

7. Auswertung der Kostenrechnung

Strukturanalyse

Die Strukturanalyse[89] gibt erste Hinweise darauf, welche Kosten für weitere Untersuchungen zur Kostenbeeinflussung von Bedeutung sind.

Praxistipp:

Kostencontrolling sollte stets mit der Strukturanalyse der Kosten beginnen! Damit wird sichergestellt, dass Kostenkontrolle sich auf die relevanten Kosten bezieht, also auf jene, die für die Kommune/Kreisverwaltung auch von Bedeutung sind.

Praxis Beispiel Eigenbetrieb einer Großstadt:

Kostenart	Betrag (€)	Anteil (%)
Personalkosten	2.365.000	78,7
Kosten für Fahrzeugunterhaltung	160.000	5,3
Treibstoffkosten	165.000	5,5
Kosten für Inanspruchnahme Leistungen Dritter	60.000	2,0
Sonstige Sachkosten	75.000	2,5
Kalkulatorische Abschreibungen	120.000	4,0
Kalkulatorische Zinsen	60.000	2,0
Summe der Kostenarten	3.005.000	100,0

In diesem Beispiel ergibt die Strukturanalyse, dass die Personalkosten 78,2 % aller Kosten ausmachen, erst dann folgen die Fahrzeugkosten (Unterhaltung und Treibstoff) mit nur noch 10,8 %.

Ein weiterer Schritt bei der Strukturanalyse der Kosten, ist die Verteilung der Kosten auf die Kostenstellen.

Kostenstelle	Betrag in Euro	Anteilen Prozent
Management/Verwaltung	290.000	9,7
Kostenstelle A	235.000	7,8
Kostenstelle B	365.000	12,1
Kostenstelle C	1.755.000	58,4
Kostenstelle D	360.000	12,0
Summe der Kostenstellen	3.005.000	100,0

Aus der Tabelle ist ersichtlich, dass 58,4% aller Kosten in der Kostenstelle C anfallen. Die übrigen Kosten verteilen sich etwa gleichmäßig auf die anderen Kostenstellen. In diesem Fall sind also die Kosten dieser Kostenstelle von besonderem Interesse. Hier sollte auf Personalkosten und Fahrzeugkosten gesondert geachtet werden.

Durchführung von Kostenvergleichen

Zeitvergleich

Beim Zeitvergleich werden die vergleichbaren Kosten zu unterschiedlichen Zeitpunkten in einer Zeitreihe gegenübergestellt und die ermittelten Abweichungen analysiert.

Praxistipp:

Ziel des Vergleiches ist die Feststellung der Kostenentwicklung im Zeitablauf und die Klärung der Frage, warum sich die Kosten so entwickelt haben. Die Kostenentwicklung kann nur dann richtig bewertet werden, wenn die Zahl und die Qualität der erstellten Produkte bei der Bewertung berücksichtigt werden.

Kostencontrolling mithilfe eines Zeitvergleichs (obiges Beispiel).

Nachfolgende Tabelle enthält ausgewählte primäre Kosten des Eigenbetriebes für das Jahr Y und das Jahr Y + 1. Außerdem werden die Abweichungen absolut und in Prozent ausgewiesen.

Kostenart	Kosten Jahr Y (T€)	Jahr Y+1 (T€)	Abwei- chung absolut (T€)	Abwei- chung (%)
Personalkosten	2.365	2.460	+95.000	+4,0
....				
Treibstoffkosten	165	170	+5.000	+3,0
...				
Kosten für Inanspruch- nahme Leistungen Dritter	60	75	+15.000	+25,0

Die höchste absolute Abweichung ist bei den Personalkosten mit + 95.000 € festzustellen. Die höchsten relativen Abweichungen bei der Kosteninanspruchnahme Dritter mit 25,0%.

Im Rahmen des Kostencontrollings ist zu klären, warum diese Abweichungen aufgetreten sind. Bei den Treibstoffkosten ist beispielsweise zu prüfen, ob die Abweichungen allein aufgrund der allgemeinen Preisentwicklungen (Ölpreis) eingetreten sind oder, ob sie durch unwirtschaftliches Verhalten (z. B. unzureichende Wartung, nicht nachvollziehbarer Treibstoffverbrauch) eingetreten sind.

Die Zunahme der Kosten für die Inanspruchnahme von Leistungen Dritter in der ermittelten Höhe kann darauf zurückzuführen sein, dass die eigenen Kapazitäten für die Nachfrage nach diesen Verwaltungsleistungen nicht ausreichen. Es müsste geklärt werden, inwieweit in zukünftigen Zeiträumen eine gleichhohe Nachfrage zu erwarten ist, um dann eventuell die eigenen Kapazitäten zu erhöhen.

Die Erhöhung der Personalkosten um 95.000 € (4,0%) kann als Zeichen dafür gesehen werden, dass sich der Personalbestand im Eigenbetrieb - wenn man von den üblichen tariflichen Veränderungen ausgeht -

zumindest nicht verringert hat, so dass sich aus der Zahl der Mitarbeiter keine Begründung für die erhöhte Inanspruchnahme von Leistungen Dritter ergibt.

Praxistipp:

Kostencontrolling im Sinne eines Zeitvergleiches sollte auch in kürzeren Abständen als einem Jahr durchgeführt werden. Sinnvoll ist zum Beispiel ein Zeitvergleich mit Quartalswerten. Es kann dann schneller auf Abweichungen reagiert werden.

Plan-/ist Vergleich

Beim Plan-/Ist Vergleich werden die geplanten Kosten mit den tatsächlich angefallenen Kosten verglichen. Die festgestellten Abweichungen werden untersucht, um Maßnahmen zur Realisierung der Planwerte zu ergreifen.

Praxistipp:

Unverzichtbar für ein Kostencontrolling ist der Plan-/Ist Vergleich. Hierdurch entsteht ein Zwang zur Planung von Kostenzielen. Plan-/Ist Vergleiche sollten auch, wie Zeit- Vergleiche, unterjährig durchgeführt werden. Es kann dann zeitnah auf Abweichungen zwischen Plan- und Ist-Größen reagiert werden.

Praxis Beispiel "Eigenbetrieb"

Kostenart	Plan-kosten (Jahr Y+1) T€	Ist-kosten (Jahr Y +1) T€	Abwei-chung absolut T€	Abwei-chung in Prozent
Personalkosten	2.400	2.460	+ 60	+2,5
....				
Treibstoffkosten	160.000	170	+´10	+6,3
...				
Kosten für Leistungen Dritter	70.000	75	+ 8	+7,1

Die höchsten Abweichungen sind auf die Kostenarten Treibstoffkosten und Kosten für die Inanspruchnahme von Leistungen Dritter zurückzuführen. Im Rahmen des Kostencontrollings ist zu klären, worauf diese Abweichungen zurückzuführen sind und welche Maßnahmen zu ergreifen sind (siehe auch oben).

Praxistipp zum Vergleich zweier/mehrerer Kommunen:

Ein kritikloser Vergleich zweier Kommunen ist i. d. R. aufgrund der unterschiedlichen Produktqualitäten sowie unterschiedlicher Instrumente zur Ermittlung der Kosten liefert keine belastbaren Resultate. Bevor Betriebsvergleiche durchgeführt werden können, muss sichergestellt sein, dass die zu vergleichenden kommunalen Einrichtungen auch tatsächlich vergleichbar sind. Das bedeutet Betriebsvergleiche sind immer verbunden mit der Analyse der Prozesse in den einzelnen Kommunen und eventuelle Abweichungen sollten immer hinsichtlich ihrer Ursachen untersucht werden.

Berichtswesen[90]

Praxisbeispiel:

Der nachfolgende Bericht ist so aufgebaut, dass die Istwerte des Vorjahres und in der letzten Spalte die Istwerte des laufenden Jahres aufgenommen werden können. Damit ist ein Zeitvergleich zwischen den Ist-Werten des laufenden Jahres und des vergangenen Jahres möglich. Außerdem können Abweichungen zwischen den Plan- und den Ist-Werten, bezogen auf die kumulierten Quartale, ausgewiesen werden.

Beträge in T-Euro		1. Quartal			...
Vj. per 31.12. (1)	Plan Bj. 31.12. (2)	Plan (3)	Ist (4)	Abweichung (4)-(3) (5)	
Personalkosten	2450	2500	625	620	-5	
Fahrzeugkosten	350	375	95	80	-15	
Sonstige Sachkosten	226	230	60	75	+15	
Kalkulatorische Kosten	185	175	40	35	-5	
Gesamtkosten	3211	3280	820	810	-10	
Erlöse	1284	1476	369	348	-21	
Personalkostenanteil	76 %	76 %	76 %	77 %	+1%	
geplante Leistungen (LE)	20.000	22.000	4.000	3.950	-50	
Kosten pro Leistungseinheit*	0,16	0,15	0,21	0,21	0	
Kostendeckungsgrad	40 %	45 %	45 %	43 %	-2 %	

In dem vorliegenden (Beispiel)Berichtsbogen werden zu Beginn eines Jahres die Ist-Größen des Vorjahres, die Planwerte für das laufende Jahr und die Quartalswerte eingetragen. Nach Abschluss eines Quartals können die jeweiligen Ist-Werte nachgetragen und die Abweichung ermittelt werden. In Abhängigkeit von der Größe der Abweichung und der Wichtigkeit ihrer Größe werden die Abweichungen analysiert. Die Analyse ist von der Stelle, die den Berichtsbogen erstellt, zu liefern. Dies ist mit Vorschlägen zu ergänzen, welche Maßnahmen gegebenenfalls ergriffen werden sollen, um die Abweichung zu korrigieren. Die Aussagefähigkeit des Berichtsbogens kann verbessert werden, wenn nicht nur für die zu betrachtende Gesamteinheit, sondern für die produktbezogenen Teilbereiche Informationen bereitgestellt werden. Insbesondere die Kennzahlen Kosten pro Leistungseinheit und Kostendeckungsgrad, bezogen auf die einzelnen Teilbereiche sind von Interesse.

8. Verwaltungscontrolling

8.1   Grundlagen

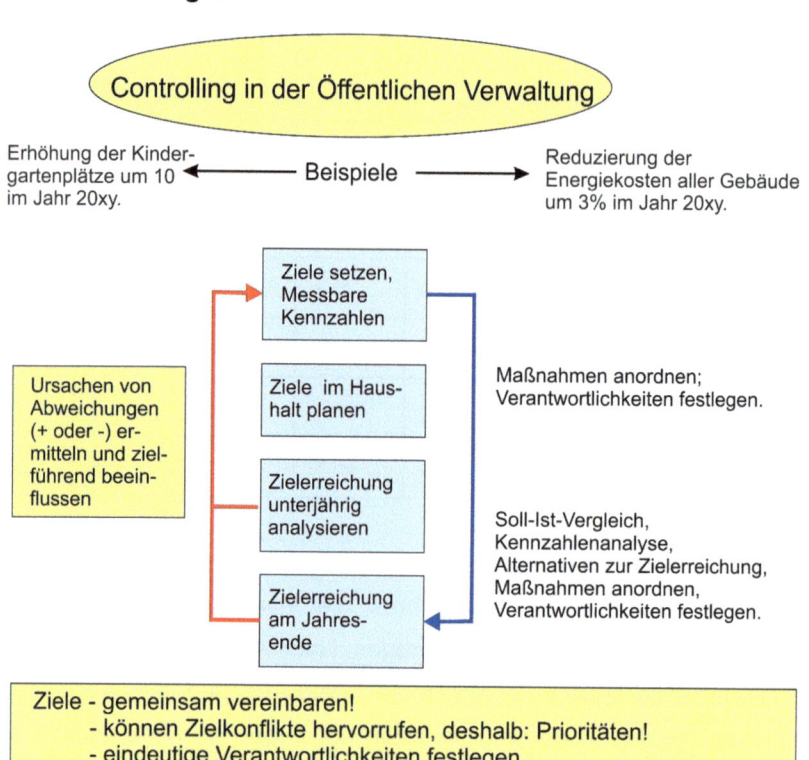

Abb. 26: Controlling in der Öffentlichen Verwaltung

Begriffsklärungen: Effektivität und Effizienz

Diese beiden Kategorien werden häufig dann "offiziell" kommuniziert, wenn in den Diskussionen Argumente fehlen. An dieser Stelle der Versuch beide Begriffe voneinander abzugrenzen.

Effektivität: Unter Effektivität ist das Maß der Zielerreichung zu verstehen, womit das Verhältnis vom Angestrebten zum Erreichten gemeint ist. Der dahinterliegende Aufwand spielt dabei keine Rolle. Bezogen auf den Verwaltungsalltag vereinfachend: „Die richtigen Dinge tun"

Für den Bürger (und andere an der Verwaltungsarbeit Interessierte) ergibt sich die Frage, ob für die Allgemeinheit oder den Kunden ein Nutzen entsteht und ob „die richtigen Dinge getan werden".

Die Definition der Effektivität hat eine höhere politische Bedeutung als die Wirtschaftlichkeit oder die Effizienz. Falsche Dinge effizient zu erledigen, führt nicht zum Ziel, sondern ist in der Regel Geldverschwendung.

Effizienz: Effizienz stellt das Verhältnis Input zu Output (Leistung zu Kosten) dar. Die Effizienz entspricht somit in zahlreichen Fällen der Wirtschaftlichkeit.

Oder auch hier vereinfachend: „Die Dinge richtig tun". Damit ist die Effizienz ein "Unterziel" der Effektivität.

Geht man davon aus, dass z. B. der Neubau eines Gebäudes für die Kreisverwaltung notwendig und richtig war und ist, dann ist mit dem Beschluss durch den Kreistag festgelegt: "Die richtigen Dinge zu tun".

Werden aber die Kosten überschritten, ergibt sich die Frage, inwieweit die Dinge auch richtig getan werden.

8.2 Verwaltungskennzahlen, Rentabilität, CashFlow

Kennzahlen verdichten Daten und filtern daraus zielgerichtete Informationen.

Kennzahlen machen die Zielerreichung messbar und sind das wesentliche Instrument zur Steuerung von Verwaltungseinheiten.

Wesentliche Aspekte zur Kennzahlenfestlegung

- Festlegen der relevanten Kennzahlen: Nicht die "interessanten" sondern die für die Zielerreichung relevanten Kennzahlen sollten definiert und festgelegt werden.
- Kennzahlen dienen als Instrument zur Messung der Zielerreichung. Das bedeutet bei der Definition von Kennzahlen sind diese aus dem Ziel abzuleiten.
- Festlegen der Kriterien zum Messen der Kennzahlen, also beschreiben, wie die jeweiligen Kennzahlen gemessen werden sollen (Ausschluss subjektiver Messmethoden).
- Zeitliche und zeitnahe Verfügbarkeit, keine zusätzlichen Erhebungen, die Kennzahlenerfüllung muss aus den vorliegenden Dokumenten ermittelt werden können.

Praxistipp:

Bei der Auswahl der Kennzahlen gilt der Grundsatz: „Qualität vor Quantität". Nicht auf die Menge der Kennzahlen kommt es an, sondern darauf, dass sie aussagekräftig und steuerungsrelevant sind.

Ableitung von Kennzahlen

Kennzahlen sind in der GemHVO im § 4 Abs. 2 geregelt: „ […] In den Teilhaushalten sollen außerdem Leistungsziele und Kennzahlen zur Messung der Zielerreichung dargestellt werden." Im § 10 Abs. 3 GemHVO werden Zielvereinbarungen als Bestandteil der Teilhaushalte gefordert:

„In den Teilhaushalten sollen produktorientierte Ziele unter Berücksichtigung des einsetzbaren Ressourcenaufkommens und des voraussichtlichen Ressourcenverbrauchs sowie Kennzahlen zur Zielerreichung bestimmt werden. Die Ziele und Kennzahlen bilden die Grundlage für die Erfolgskontrolle und Steuerung der Haushaltswirtschaft."

Beispiele zu Kennzahlen sind in der Anlage 16 der VwV Produkt- und Kontenrahmen aufgezeigt.

Gliederungskennzahlen: Gliederungskennzahlen stellen das Verhältnis einer Größe zu einer Gesamtmasse dar (z. B. Eigenkapitalquote, ...) dar.

Beziehungskennzahlen: Beziehungskennzahlen bilden das Verhältnis zwischen zwei unterschiedlichen Größen ab (Kosten pro Mitarbeiter, Unterhaltungskosten pro Fahrzeug, Raumkosten je Flächeneinheit).

Indexkennzahlen beziehen sich auf einen Ausgangswert (= 100%).

a) Kennzahlen, abgeleitet aus dem Jahresabschluss.

Eigenkapitalrentabilität:

$$\text{Eigenkapitalrentabilität (\%)} = r_e = \frac{\text{Jahresüberschuss/-fehlbetrag}}{\text{Eigenkapital}^1} \times 100$$

1) Eigenkapital am Ende eines Verwaltungsjahres

Abb. 27: Berechnung der Eigenkapitalrentabilität

Diese Kennzahl zeigt die Verzinsung des durch die Kommune eingesetzten Eigenkapitals. Eine qualifizierte Bewertung ist abhängig von den Erwartungen des jeweiligen Anlegers (hier der Kommune), und natürlich auch von der Risikobereitschaft des Anlegers. Zum Letzteren gibt es eine Reihe von "Negativerfahrungen", insbesondere bei Kommunen aus den neuen Bundesländern. Der Hinweis auf den Eigenkapitalbestand am Ende eines Verwaltungsjahres bedeutet, dass es neben diesem Bestand, weitere in der Praxis verwendete Bestände gibt: Der Bestand des Eigenkapitals zu Beginn eines Verwaltungsjahres oder aber der durchschnittliche Bestand an Eigenkapital innerhalb eines Verwaltungsjahres. Sollten in der Kommune Vergleichszahlen anderer Kommunen diskutiert werden, so sind die jeweiligen Bestandteile der Berechnung hinsichtlich ihrer Vergleichbarkeit zu prüfen.

Gesamtkapitalrentabilität:

$$\text{Gesamtkapitalrentabilität (\%)} = r_g = \frac{\text{Kapitalertrag}^2}{\text{Gesamtkapital}^3} \times 100$$

2) Kapitalertrag = Jahresüberschuss/-fehlbetrag + Fremdkapitalzinsen
3) Gesamtkapital am Ende eines Verwaltungsjahres

Abb. 28: Berechnung der Gesamtkapitalrentabilität

Die Beurteilung der Qualität der Gesamtkapitalrentabilität erfolgt durch die Gegenüberstellung der Gesamtkapitalrentabilität mit der Höhe des Fremdkapitalzinssatzes (FKZ).

Die nachfolgende Kennziffer der **Anlagendeckungsgrad 2** wird auch als die "goldene Finanzierungsregel" bezeichnet. Ist dieser Wert größer als 100%, so ist das Anlagevermögen "sicher" mit langfristigem Kapital finanziert (Eigen- und langfristiges Kapital). Die Laufzeiten des Fremdkapitals sollten idealerweise mit den Nutzungsdauern der damit finanzierten Vermögensgegenständen übereinstimmen.

$$\begin{array}{l}\text{Anlagendeckungsgrad 2 (\%)} \\ \text{„Goldene} \\ \text{Finanzierungsregel"}\end{array} = \frac{\text{Anlagenvermögen}}{\text{Eigenkapital + langfr. FK}} \times 100$$

Abb. 29: Anlagendeckungsgrad 2

Der Anlagendeckungsgrad 1 galt in früheren Jahren als die "Goldene Bilanzregel". Er wird aus dem Quotienten Anlagevermögen/Eigenkapital berechnet und sollte > 100% sein. Bei den hohen Anschaffungskosten für Investitionsgüter des Anlagevermögens ist die ausschließliche Finanzierung aus Eigenmitteln nur den allerwenigsten Kommunen möglich, deshalb hat bei Analysten die Kennziffer Anlagendeckungsgrad 2 einen höheren Stellenwert.

Der CashFlow kann auch anders interpretiert, die hier dargestellten Inhalte gelten als für den Praktiker ausreichende Darstellung:

Jahresüberschuss/-fehlbetrag

+   Abschreibungen

+/./.   <u>Langfristige Rückstellungen</u>

=   CashFlow (CF)

Aus dem Cashflow werden die Gewinnabführung (z. B.: Eigenbetriebe), Investitionen (einfache und erweiterte) und die Abdeckung nichtkalkulierbarer Risiken finanziert.

b) aus der Verwaltungstätigkeit abgeleitete Kennzahlen

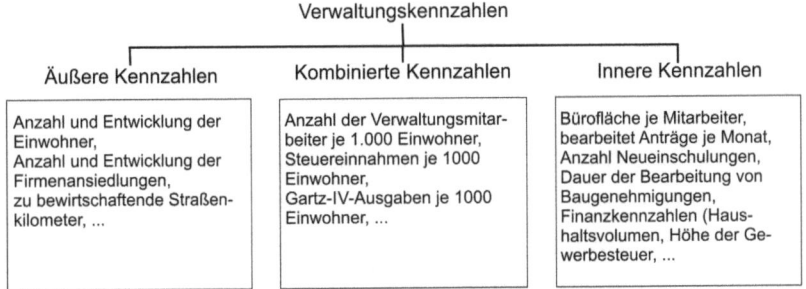

Abb. 30: Eine Möglichkeit der Kennzifferneinteilung

Erläuterungen:

(1) Äußere Kennzahlen:

Zu den äußeren Kennzahlen gehören solche, die Informationen über den Stand und Entwicklung von Bevölkerung, Wirtschaft, Verkehr, Umwelt und anderen Faktoren zu den jeweiligen Arbeits- und Verantwortungsbereichen einer Verwaltung widerspiegeln.

(2) Innere Kennzahlen:

Vermitteln Informationen, die im Zusammenhang mit den Bedingungen einer Verwaltung in ihrem Inneren stehen.

Es bestehen weitere Möglichkeiten, die Kennzahlen zu strukturieren. Entscheidend muss es jedoch für die Kommune sein, dass ein solches Kennzahlensystem "gelebt wird". Also auch von der Verwaltung und der Politik als Unterstützung für Entscheidungen genutzt wird.

Als Hinweis weitere Einteilungsmöglichkeiten von Kennzahlensystemen:

Qualitätskennzahlen:[91]

Typische Beispiele für Qualitätsindikatoren:

Bearbeitungsdauer eines Vorgangs,

Anteil der stattgegebenen Widersprüche an ihrer Gesamtzahl,

Anzahl Änderungen,

Lebensdauer bei Reparaturen,

Anzahl Reklamationen,

Wartezeiten,

Anzahl der Beschwerden und Dienstaufsichtsbeschwerden,

Anzahl Arbeits- oder auch die Anzahl von Verkehrsunfällen.

Zeitliche Einordnung:

Strategische Kennzahlen (Mittel- bis langfristige Bevölkerungsentwicklung, mittel- bis langfristige Unternehmensansiedlungen,...).

Operative Kennzahlen:

Operative Kennzahlen (Produktmengen, Haushalts- Kostengrößen) besitzen kurzzeitigen Charakter.

Praxisbeispiel:

Im Bereich der kommunalen Sportstätten kann eine solche Kennzahl (Mindestzuschauerzahlen im zu planenden Haushaltsjahr) sein, um durch die Entwicklung dieser kurzfristigen Kennzahl in späteren Verwaltungsperioden eine langfristige (strategische) Bindung an die Sportstätte befürworten/ablehnen zu können.

Die zugehörigen Ist-Zahlen werden in den monatlichen Berichten dokumentiert. Damit ist ein Vergleich der Planzahl mit der tatsächlichen Zuschauerzahl gegeben, die Verwaltung bzw. der Rat kann dieser Stelle steuernd eingreifen.

Praxisbeispiel:

Ein Museum bietet außer einer ständigen Ausstellung auch Sonderveranstaltungen an. Dafür können folgende Kennzahlen festgelegt werden:

Mengenkennzahlen: Anzahl Besucher, Anzahl Sonderveranstaltungen,

Kostenkennzahlen:

Kosten pro Besucher, Kosten die Sonderveranstaltungen,

Einnahmen von Besuchern und durch Sonderveranstaltungen,

Verhältnis von Eintrittspreisen zu Kosten in Prozent (Kostendeckungsgrad),

Anzahl Besucher je Mitarbeiter (Personalkennzahl).

Abbildungsverzeichnis: Teil C

Abkürzungsverzeichnis

AB	Anfangsbestand
AK	Anschaffungskosten
AKS	Allgemeine Kostenstellen
AHK	Anschaffungs- und Herstellungskosten
BA	Beschäftigungsabweichung
BAB	Betriebsabrechnungsbogen
BgA	Betrieb gewerblicher Art
BGA	Betriebs- und Geschäftsausstattung
BWL	Betriebswirtschaftslehre
Doppik	Doppeltes Buchen in Konten
FEK	Fertigungseinzelkosten
FGK	Fertigungsgemeinkosten
FKZ	Fremdkapitalzinsen
FIBU	Finanzbuchhaltung
Fifo	Verbrauchsfolge, first in - first out
GA	Gesamtabweichung
GemHVO	Gemeindehaushaltsverordnung
GmbH	Gesellschaft mit beschränkter Haftung
GoB	Grundsätze ordnungsgemäßer Bilanzierung
GuV	Gewinn-und-Verlust-Rechnung
GWA	Gemeinkostenwertanalyse
HGB	Handelsgesetzbuch
IKR	Industriekontenrahmen
I. w. S.	im weitesten Sinne
K	Gesamtkosten
k_f	fixe Stückkosten
K_f	fixe Gesamtkosten
KLR	Kosten- und Leistungsrechnung
k_v	variable Stückkosten
K_v	variable Gesamtkosten

KVBW	kommunaler Versorgungsverband Baden-Württemberg
KVP	Kontinuierlicher Verbesserungsprozess KVP
Lifo	Verbrauchsfolge, last in – first out
lmi	leistungsmengeninduzierte Kosten
lmn	leistungsmengenneutrale Kosten
ME	Mengeneinheiten
MEK	Materialeinzelkosten
MGK	Materialgemeinkosten
ND	Nutzungsdauer
NKHR	Neues kommunales Haushalts- und Rechnungswesens
ÖVw	Öffentliche Verwaltung
p	Preis
p. a.	per anno
RAP	Rechnungsabgrenzungsposten
REWE	Rechnungswesen
SB	Schlussbestand
Sopo	Sonderposten
TAM	Technische Anlagen und Maschinen
VA	Verbrauchsabweichung

Quellenverzeichnis

1	Johann Wolfgang von Goethe (1953): 101 Wilhelm Meisters Lehrjahre. 1 Band. Berlin: Aufbau-Verlag Laufnummer: 52
2	Rhein-Main Facebook (2010): Bruce Willis auf dem Datenfriedhof. 10.04.2010. Laufnummer: 102
3	Controller Wörterbuch 2. Auflage, Laufnummer 82
4	Handelsgesetzbuch Laufnummer: 88
5	IA2305: Bilanzierungsleitfaden. Laufnummer: 73
6	§ 68 GemHVO: Doppik Baden-Württemberg, Laufnummer: 68
7	Rechnungswesen und Controlling: Haufe Verlag. Laufnummer: 54
8	Handelsgesetzbuch Laufnummer: 88
9	IA2305: Bilanzierungsleitfaden. Laufnummer: 73
10	IA2305: Bilanzierungsleitfaden. Laufnummer: 73
11	§ 38 GemHVO: Doppik Baden-Württemberg, Laufnummer: 68
12	Handelsgesetzbuch Laufnummer: 88
13	IA2305: Bilanzierungsleitfaden. Laufnummer: 73
14	§ 44 GemHVO: Doppik Baden-Württemberg, Laufnummer:68
15	§ 44 GemHVO: Doppik Baden-Württemberg, Laufnummer: 68
16	GemHVO: Doppik Baden-Württemberg, Laufnummer: 68
17	§ 44, Abs. 2 GemHVO Doppik Baden-Württemberg. Laufnummer 68
18	§ 44 GemHVO Doppik Baden-Württemberg. Laufnummer 68
19	§ 62 GemHVO Doppik Baden-Württemberg. Laufnummer 68
20	GemHVO Doppik Baden-Württemberg. Laufnummer 68
21	§ 44 GemHVO Doppik Baden-Württemberg. Laufnummer 68
22	GemHVO Doppik Baden-Württemberg. Laufnummer 68
23	Happe, Karlheinz eigenes Beispiel
24	Benthien, J. H.; Happe, K. Seminarunterlagen: Kaufmännische Finanzbuchhaltung für Hochschulen, Hg. HIS
25	Verwaltungsvorschrift Baden-Württemberg: Produkt- und Kontenrahmen. Laufnummer: 67

26   Verwaltungsvorschrift Baden-Württemberg: Produkt-
      und Kontenrahmen. Laufnummer: 67
27   Verwaltungsvorschrift Baden-Württemberg: Produkt-
      und Kontenrahmen. Laufnummer: 67
28   § 4 GemHVO Doppik Baden-Württemberg, Laufnummer: 67
29   GemHVO Doppik Baden-Württemberg, Laufnummer: 67
30   Verwaltungsvorschrift Baden-Württemberg: Produkt-
      und Kontenrahmen. Laufnummer: 67
31   § 62 GemHVO Doppik Baden-Württemberg, Laufnummer: 67
32   GemHVO Doppik Baden-Württemberg. Laufnummer: 68
33   GemHVO Doppik Baden-Württemberg. Laufnummer: 68
34   Umfrage zur Einführung des Neuen Kommunalen
      Haushaltswesen, Laufnummer:71
35   Mohl, Ariane: Umstellung auf Doppik kommt nicht
      voran. Laufnummer: 119
36   § 20 GemHVO Doppik Baden-Württemberg.
      Laufnummer: 68
37   §§ 17 – 20 GemHVO Doppik Baden-Württemberg.
      Laufnummer: 68
38   GemO § 79, Laufnummeer: 79
39   Happe, K. (2012): Doppik aus kommunalpolitischer Sicht.
      Grundlagenwissen für das Bundesland Sachsen. Hg. v.
      WKB Sachsen. Laufnummer: 83
40   § 2 GemHVO Baden-Württemberg. Laufnummer 68
41   § 2 GemHVO Baden-Württemberg. Laufnummer 68
42   § 2 GemHVO Baden-Württemberg. Laufnummer 68
43   Verwaltungsvorschrift des Innenministeriums
      Baden-Württemberg. Laufnummer: 67
44   Happe, K. (2012): Doppik aus kommunalpolitischer Sicht.
      Grundlagenwissen für das Bundesland Sachsen. Hg. v.
      WKB Sachsen. Laufnummer: 83
45   Happe, K. (2012): Doppik aus kommunalpolitischer Sicht.
      Grundlagenwissen für das Bundesland Sachsen. Hg. v.
      WKB Sachsen. Laufnummer: 83
46   § 2 GemHVO Baden-Württemberg. Laufnummer 68

47 KVBW: Gesetz über den Kommunalen Versorgungsverband Baden-Württemberg (GKV), Laufnummer: 69

48 Verwaltungsvorschrift des Innenministeriums Baden-Württemberg. Laufnummer: 67

49 § 46 Abs. 1 GemHVO Doppik Baden-Württemberg. Laufnummer: 68

50 Verwaltungsvorschrift des Innenministeriums Baden-Württemberg. Laufnummer: 67

51 § 46 Abs. 1 GemHVO Doppik Baden-Württemberg. Laufnummer: 68

52 § 46 Abs. 1 GemHVO Doppik Baden-Württemberg. Laufnummer: 68

53 § 46 Abs. 1 GemHVO Doppik Baden-Württemberg. Laufnummer: 68

54 Bundesministerium der Finanzen – Leasing-Erlasse. Laufnummer: 84

55 § 4 GemHVO Doppik Baden-Württemberg.Laufnummer: 68

56 § 4 GemHVO Doppik Baden-Württemberg.Laufnummer: 68

57 § 4 GemHVO Doppik Baden-Württemberg. Laufnummer: 68

58 Ministerium des Innern: Brandenburg,Wirtschaft-lichkeitsuntersuchungen, Laufnummer: 123

59 §§ 24, 25 GemHVO Doppik Baden-Württemberg. Laufnummer: 68

60 Bundesministerium der Justiz – Grundgesetz für die Bundesrepublik Deutschland. Laufnummer: 85

61 Verwaltungsvorschrift des Innenministeriums Baden-württemberg. Laufnummer: 67

62 § 4 GemHVO Doppik Baden-Württemberg. Laufnummer: 68

63 Gleich, Ronald; Schentler, Peter (2010): Strategische und operative Planung in Kommunen. Koordination, Steuerung, Budgetierung; s.l: Erich Schmidt Verlag (Bd. 6), ISBN: 978-3-503-126071, Laufnummer: 81

64 § 4 GemHVO Doppik Baden-Württemberg. Laufnummer: 68

65 Finanzoffice für die öffentliche Verwaltung.: das Fachinforma-tionssystem mit praktischen Arbeitshilfen Doppik: Haufe Verlag. Laufnummer: 54

66   Landeszentrale für politische Bildung
      Baden-Württemberg: Aufgaben der Kommunen -
      Kommunalwahl-BW.de. Laufnummer: 86
67   Happe, K. (2012): Doppik aus kommunalpolitischer Sicht.
      Grundlagenwissen für das Bundesland Sachsen. Hg. v.
      WKB Sachsen. Laufnummer: 83
68   § 14 GemHVO Doppik Baden-Württemberg. Laufnummer: 68
69   Klümper, Bernd (2002): Produktorientierte Kosten- und
      Leistungsrechnung., S. 7. Laufnummer: 3
70   Deitermann, Manfred (1992): Industrielles
      Rechnungswesen S. 264. Laufnummer: 188
71   Burth, Andreas (2015): Haushalts-Steuerung.de
      Gruppierungsplan (GPI), Laufnummer: 14
72   Wöhe, Günter; Döring, Ulrich (1990): Einführung in die
      allgemeine Betriebswirtschaftslehre Seite 964 ff.
      Laufnummer 186
73   Schmidt, Corinna: Haushaltssatzung und Haushaltsplan
      2016/2017, Baden-Baden Laufnummer:116
74   Burth, Andreas (2015): Haushalts-Steuerung.de
      Gruppierungsplan (GPI), Laufnummer: 14
75   Wöhe, Günter; Döring, Ulrich (1990): Einführung in die
      allgemeine Betriebswirtschaftslehre, Seiten:1226.
      Laufnummer: 186
76   Fiebig, Helmut (2004): Kommunale Kostenrechnung
      und Wirtschaftlichkeitssteuerung. Ziele - Methoden -
      Ergebnisse. Laufnummer: 1
77   Wöhe, Günter; Döring, Ulrich (1990): Einführung in die
      allgemeine Betriebswirtschaftslehre, Seite:1245.
      Laufnummer: 186
78   Wöhe, Günter; Döring, Ulrich (1990): Einführung in die
      allgemeine Betriebswirtschaftslehre, Seiten:1253.
      Laufnummer: 186
79   Klümper, Bernd (2002): Produktorientierte Kosten- und
      Leistungsrechnung. Laufnummer: 3

80   Klümper, Bernd (2002): Produktorientierte Kosten- und
      Leistungsrechnung. Laufnummer: 3
81   Klümper, Bernd (2002): Produktorientierte Kosten- und
      Leistungsrechnung. Laufnummer: 3
82   Wöhe, Günter; Döring, Ulrich (1990): Einführung in die
      allgemeine Betriebswirtschaftslehre, Seite 1276 ff.
      Laufnummer: 186
83   Wöhe, Günter; Döring, Ulrich (1990): Einführung in die
      allgemeine Betriebswirtschaftslehre, Seite 1276 ff.
      Laufnummer: 186
84   Homann, Klaus (2005): Kommunales Rechnungswesen,
      Seite 190 ff. Laufnummer: 94
85   Finanzoffice für die öffentliche Verwaltung: Haufe Verlag.
      Laufnummer: 54
86   Homann, Klaus (2005): Kommunales Rechnungswesen,
      Seite 190 ff. Laufnummer: 94
87   Weber, Jürgen; Schäffer, Utz (2008): Einführung in das
      Controlling. 12., überarb. und aktualisierte Aufl.
      Stuttgart: Schäffer-Poeschel. ISBN: 9783791028309
      Laufnummer: 212
88   Klümper, Bernd (2002): Produktorientierte Kosten- und
      Leistungsrechnung. Laufnummer: 3
89   Klümper, Bernd (2002): Produktorientierte Kosten- und
      Leistungsrechnung. Laufnummer: 3
90   Klümper, Bernd (2002): Produktorientierte Kosten- und
      Leistungsrechnung. Laufnummer: 3
91   Bachmann, Peter (2009): Controlling für die öffentliche
      Verwaltung. Laufnummer: 8

Weitere Buchprojekte des Autors

Fortsetzung der Reihe "Doppik für Mandatsträger und Führungskräfte"

Band 2	Sachsen
Band 3	Sachsen-Anhalt
Band 4	Thüringen
Band 5	Mecklenburg-Vorpommern
Band 6	Rheinland-Pfalz
Band 7	Hessen
Band 8	Nordrhein-Westfalen
Band 9	Niedersachsen
Band 10	Schleswig-Holstein
Band 11	Saarland
Band 12	Hansestadt Hamburg
Band 13	Hansestadt Bremen
Band 14	Bayern

Doppik für Anwender

Ein Arbeitsbuch zum Kontieren doppischer (auch schwierige) Sachverhalte sowie zum Jahresabschluss

Aufgabensammlung zur Doppik